GERTRUD HIRSCHI

Sieben Wege, glücklicher zu werden

GERTRUD HIRSCHI

Sieben Wege, glücklicher zu werden

Die Energien der Wochentage nutzen

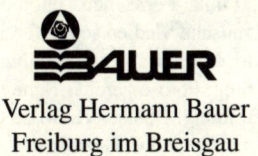

Verlag Hermann Bauer
Freiburg im Breisgau

Die Deutsche Bibliothek – CIP-Einheitsaufnahme

Hirschi, Gertrud:
Sieben Wege, glücklicher zu werden : die Energien
der Wochentage nutzen / Gertrud Hirschi.
[Mit Ill. Von Ito Joyoatmojo]. – 1. Aufl. –
Freiburg im Breisgau : Bauer, 1999
ISBN 3-7626-0732-X

Mit 118 Illustrationen von Ito Joyoatmojo

1. Auflage 1999
ISBN 3-7626-0732-X
© 1999 by Verlag Hermann Bauer KG, Freiburg i. Br.
Einband: Maria Fellhauer, Freiburg i. Br.
Satz und Bildbearbeitung: Fotosetzerei G. Scheydecker, Freiburg i. Br.
Druck und Bindung: Clausen & Bosse GmbH, Leck
Printed in Germany

Inhalt

Dank

Ein großes Dankeschön geht an den Verlag Hermann Bauer, insbesondere an Herrn *Friedrich Kirner*, der mich ermunterte, aus dem kleinen Begleitheft der Zeitschrift *esotera* zum Thema »Energien der Wochentage nutzen« ein Buch zu machen.

Tausend Dank gebührt meiner Lektorin *Erika Schuler-Konietzny*, die dem Buch den letzten Schliff gab und mich mit ihrer konstruktiven Kritik und ihrem positiven Feedback unterstützte. Erika, du warst unersetzlich!

Weiter danke ich Martina Klose fürs Korrekturlesen und natürlich auch Herrn Schüller, der für das Layout verantwortlich war.

Eine schöne Zusammenarbeit ergab sich wieder mit *Ito Joyoatmojo*, der mit unendlicher Geduld die vielen Zeichnungen kreierte. Ito, ich danke dir von Herzen!

Ein weiters Dankeschön geht an den Drogisten *Max Zumsteg*, der mir seine Informationsbroschüre über den Zusammenhang zwischen Wochentagen und Ernährung als Informationsquelle zur Verfügung stellte.

Auch der Musikerin und Sängerin *Christine E. Jaccard* und meiner Cousine und großen Musikliebhaberin *Ilse Arnold* danke ich ganz herzlich dafür, daß sie mich großzügig mit ihrem Wissen und ihrer Erfahrung bei den Musikempfehlungen unterstützt haben.

Liebe Leserin, lieber Leser!

Die Welt des Unsichtbaren
gibt uns den Schlüssel
für die Welt des Sichtbaren.

Paul Claudel

Mit großer Freude lege ich Ihnen mein fünftes Buch vor. In der Zahlenmystik ist die Fünf die formgebende Zahl, und so geht es mir in *Sieben Wege, glücklicher zu werden* darum, den einzelnen Wochentagen neue Form und Farbe, Klang und Rhythmus zu geben. Es geht mir darum, die Qualität der einzelnen Wochentage neu zu betrachten, zu hinterfragen und, wenn nötig, alte, eingefahrene Spuren zu verlassen und neue Wege zu gehen. Wenn wir unsere Lebensqualität verbessern wollen – das Thema all meiner Bücher –, dann fangen wir am besten bei einer kleinen, überschaubaren Zeiteinheit an: beim einzelnen Tag – und gestalten so die Wochen und die Jahre.

Schon als Kind fragte ich mich, warum die Woche 7 Tage hat und wer wohl Donar, der Gott des Donners und des Donnerstags, wirklich ist, was der Mittwoch mit Merkur zu tun hat usw. Diese Fragen beschäftigten mich immer wieder, und so fand ich im Laufe der Zeit viele Antworten – in der Literatur, in mir selbst und durch den Austausch mit meinen Mitmenschen. So stellte ich vor einigen Jahren fest, daß sich die Qualität der Wochentage, wie ich sie erlebe, auf verschiedenen Ebenen voneinander unterscheiden und daß dies tatsächlich mit den Kräften und Charaktereigenschaften der zugeordneten Planeten übereinstimmt. Freunde und Bekannte sowie die TeilnehmerInnen meiner Yogakurse bestätigten meine Beobachtungen und Schlußfolgerungen, was mich ermunterte, weiterzuforschen.

Kosmische Gesetze bestimmen das Werden und Vergehen der

Schöpfung, in die auch wir Menschen mit unserem Körper und unserem emotionalen und mentalen Bereich, d. h. mit unserem Denken und Fühlen, eingebunden sind.

Sehr lange und gründlich habe ich mich mit den 7 planetarischen Kräften, die den Wochentagen zugeordnet sind, auseinandergesetzt und sie in mein Leben integriert. Seit ich dies tue, ist meine Lebensqualität um einiges gestiegen, und es geht dementsprechend immer weiter – Tag für Tag, Woche für Woche. Darüber nachzudenken und danach zu leben fördert tatsächlich unser inneres Wachstum und zeigt uns Wege auf zu innerem wie äußerem Reichtum – zu einem sinnerfüllten und glücklichen Leben. Viele Sorgen, Gram und Mühe bleiben uns erspart. Es ist, als würden wir von Höheren Kräften geschützt, gestützt und geleitet. Heute morgen z. B. entdeckte ich einen Fehler in meiner Kursabrechnung. Ich hatte das Gefühl, als wollte mich jemand hintergehen; außerdem standen mir zwei wichtige Besprechungen bevor, in denen ich etwas kritisieren mußte, was mir sehr unangenehm war. Noch vor wenigen Jahren hätte mich das sehr aufgewühlt und ich hätte Ängste ausgestanden. Heute hingegen mache ich in einer solchen Situation die Sonnenmeditation. Ich werde ruhig und zuversichtlich, und bei all diesen Angelegenheiten ergeben sich auf friedliche Weise wunderbare Lösungen. Ich bin kein positiver Mensch von Haus aus, aber wenn ich nach den Methoden lebe, die ich Ihnen in diesem Buch vorstelle, geht es mir ausgezeichnet. Die 7 Lebensgesetze, die ich aus all diesen großen Zusammenhängen ableiten konnte, sind dabei ein gute Orientierung:

- Sonntag ist der Tag des Lichts und der Ruhe
- Montag ist der Tag des Loslassens und des Fließenlassens
- Dienstag ist der Tag der Talente und der Tatkraft
- Mittwoch steht unter dem Motto: »So wie du denkst, so bist und lebst du.«
- Donnerstag ist der Tag des Reichtums und der Zukunftsvisionen
- Freitag ist der Tag der Liebe und Freundschaft
- Samstag ist der Tag des Rückblicks und der Grenzüberschreitung

Das heißt nun nicht, daß wir beispielsweise *nur* am Montag Vergangenes loslassen und uns dem Fluß des Lebens anvertrauen oder *nur* am Dienstag unsere Talente zum Einsatz bringen. Es geht vielmehr darum, daß uns dies wenigstens einmal pro Woche bewußt ist und wir uns danach richten. Nach wenigen Wochen wird Ihnen das neue Verhalten so in Fleisch und Blut übergegangen sein, daß Sie automatisch dementsprechend agieren und reagieren.

Die Idee der Planetenzuordnung zu den Wochentagen ist uralt. Schon die alten Völker weihten die 7 Wochentage einem ihrer Götter bzw. einer ihrer Göttinnen. Darauf weisen die Namen der Wochentage hin, die sich in vielen Sprachen und Mundarten bis zum heutigen Tag erhalten haben. Auch altes Brauchtum weist darauf hin – im Norden wie im Süden, im Westen wie im Osten. Natürlich sind die Bräuche von Ort zu Ort verschieden. Trotzdem weisen sie im großen und ganzen auf eine Gemeinsamkeit hin, die nicht vom Verstand her erfaßt werden kann und deren Ursprung sich in der dunklen Urzeit verliert.

Im Mittelalter haben Alchimisten und später auch esoterische Zirkel und Geheimbünde die Symbolik und Kraft der Wochentage in alle Handlungen und Entscheidungen mit einbezogen. Den Planeten wurden entsprechende Farben, Steine, Pflanzen (dazu gehört natürlich das Getreide), Tiere, Metalle usw. zugeordnet und für die rituellen Handlungen eingesetzt. (Bei der Zuordnung der Getreide zu den Wochentagen habe ich mich an den sehr interessanten und aufschlußreichen Erkenntnissen von Udo Renzenbrink orientiert, die er in seinem Buch *Die sieben Getreide* veröffentlicht hat.) Es ist spannend und interessant, sich mit diesen Zuordnungen zu beschäftigen; ihre Wirkung auf Körper, Geist und Seele steht tatsächlich in Einklang mit den Eigenschaften des bestimmten Tagesplaneten.

Gerade in unserer materialistisch und rationalistisch ausgerichteten Welt tut es uns manchmal ganz gut, wenn wir uns wieder der kosmischen Zusammenhänge bewußt werden und Spiritualität und ein wenig Magie in den Alltag einbringen. Leider kann ich nicht auf all diese Zuordnungen gleichermaßen eingehen, die wichtig-

sten sind jedoch bei den jeweiligen Wochentagen aufgeführt. Die
Tabellen auf S. 172 und 173 und die Buchempfehlungen auf S. 174
werden Ihnen aber bestimmt weiterhelfen.

Interessant ist auch die Symbolik der Zahl 7. Schon von alters
her hat sie die Menschen in ihren Bann gezogen: Es gibt 7 Farben
im Spektrum des Regenbogens, 7 Töne führen zur Oktave, ein
7-Jahrzyklus bestimmt die Entwicklung und das Leben des Menschen, 7 Hauptchakren versorgen den Menschen mit 7 Energiequali-
täten. Die 7 spielt auch in den Volksmärchen und heiligen Schriften
des Ostens und Westens eine große Rolle, die 7 wurde als Zahl der
Universalität angesehen – und 7 Stufen führten zum Tempel der
Weisheit. Die 7 beinhaltet die 3, die Zahl der überirdischen Kräfte,
und die 4, die Zahl der irdischen. So vermählt sich in der 7 das Irdische mit dem Überirdischen. Ob im Märchen, in der Magie, in der
Mystik – die 7 hat eine besondere Bedeutung. So wünschen wir uns
hier auf Erden 7 Tage lang die Freuden des 7. Himmels zu erleben.

Wir sollten uns auch bewußt werden, daß es weder schlechte
noch gute Planeten gibt; vielmehr unsere Beziehung zu ihnen und
das rechte Maß sind von Bedeutung. Diese Ansicht entsteht
manchmal deswegen, weil viele einen Wochentag haben, an dem
manches nicht so läuft, wie sie es gerne hätten. Hier wäre ein Vergleich mit dem betreffenden Planeten im Horoskop interessant – es
könnte auch der Tag sein, an dem man geboren wurde. Bei mir
z. B. ist es der Mittwoch und tatsächlich – an einem Mittwoch
wurde ich geboren. Ein alter englischer Kinderreim weist treffend
auf den Zusammenhang zwischen Geburts*tag* und dem Grund-
wesen des Kindes bzw. des Erwachsenen hin:

Montagskinder haben ein hübsches Gesicht.
Dienstagskinder sind voller Anmut.
Mittwochskinder sind voller Schmerzen.
Donnerstagskinder haben weit zu gehen.
Freitagskinder lieben und schenken.
Samstagskinder arbeiten hart für ihr Leben.
Sonntagskinder sind klug, munter und heiter.

Wenn Sie sich auf die einzelnen Tage in entsprechender Weise einstellen, wie es in diesem Buch aufgezeigt wird, bringen Sie mehr Abwechslung in die Woche. Wie langweilig ist es doch, wenn ein Tag wie der andere verläuft, wenn man wie ein Roboter jeden Montag Punkt 8 Uhr das Werktagsprogramm einstellt; wenn jeden Freitag Punkt 16 Uhr das immer gleich organisierte Wochenende beginnt; wenn sonntags gleich viel gearbeitet wird wie werktags und wenn man sonntags die gleiche Kleidung trägt wie werktags. Wir sind aber keine Roboter! Wenn wir so leben, leben wir wider unsere Natur und werden krank.

Jeder Wochentag ist eine Gelegenheit, etwas ganz für sich zu tun. Dann geht es uns gut. Es ist z. B. wichtig, daß wir die Vergangenheit verarbeiten, dazu eignet sich der Montag; neue Zukunftsvisionen entwickeln, warum nicht donnerstags. Und damit wir nicht immer wieder über die gleichen Hindernisse stolpern (die wir uns meistens selbst in den Weg legen), ist ein Wochenrückblick am Samstag von besonderem Nutzen.

Jeder Tag ist ein Geschenk – eine Chance,
was wir damit machen, ist unsere Sache.

Es geht nicht darum, dieses Buch in 7 Tagen zu lesen und jeden Tag sofort total umzukrempeln. Lassen Sie sich genügend Zeit. Lassen Sie ein Tagesthema ruhig mehrere Tage oder Wochen lang im Inneren wirken, bevor Sie sich dem nächsten zuwenden. Nach wenigen Wochen sind Sie mit dem Wesentlichsten vertraut, haben sich schon an Neues und Schönes gewöhnt und helfen sich – wenn es die Situation erfordert – mit einer der vorgestellten Meditationen, mit einem Mudra-Zyklus oder einer Körperübungsfolge.

Farben und Musik spielen eine große Rolle für unsere Gesundheit und unsere Stimmungen und die Tips in den betreffenden Kapiteln können tatsächlich mehr Farbe, Rhythmus und Melodien in Ihr Leben bringen. Gerade bei den Musikempfehlungen handelt es sich lediglich um Vorschläge. Stellen Sie sich Ihre Tagesmusik selbst zusammen. Es gibt kaum etwas, das so verschiedene und

individuelle Empfindungen im Menschen auslöst wie Musik. Jeder
reagiert anders darauf. Stellen Sie Ihre persönliche Musik für jeden
Tag zusammen, und genießen Sie diese. Musik ist Nahrung für Ihre
Seele – nur das Beste (und das Ihnen entsprechende) ist gut genug
für Sie!

> Lassen Sie sich berauschen von
> den Farben Ihres Geistes
> und den Melodien Ihrer Seele.

Es geht auch nicht darum, daß Sie nur am Montag Reis und am
Dienstag immer Gerste essen, sondern daß Sie sich der Vielfalt und
der Nährkraft der verschiedenen Getreidearten bewußt werden und
Abwechslung in den wöchentlichen Speiseplan bringen.

Vergessen Sie nicht, daß es mit Humor viel leichter geht. Klop-
fen Sie sich stolz und zufrieden auf die Schulter, wenn Sie Erfolg
haben; und wenn es danebenging, gönnen Sie sich zum Trost etwas
Besonderes, machen Sie sich neuen Mut, bitten Sie das Göttliche
um Hilfe – lernen Sie daraus, und probieren Sie es von Neuem
(vielleicht schon zum 7. Mal). Bedenken Sie immer: Es wäre doch
langweilig und würde gar keinen Spaß machen, wenn all unsere
Wünsche sofort in Erfüllung gingen.

So möchte ich Sie schlicht und einfach auffordern, ein wenig
darüber nachzudenken, wie Sie die einzelnen Tage erleben, und
vor allem – entwickeln Sie Strategien, wie Sie das Beste aus jeder
Tagesqualität herausholen können.

> Jeder Tag ist ein besonderer Tag
> und am Abend unwiderruflich vorbei!

Das folgende wunderschöne indische Gedicht bringt dies besonders gut zum Ausdruck:

Hab acht aufs Heute:
Denn es ist das Leben,
der Kern des Lebens.
In seinem raschen Lauf liegen all
die Dinge und Wahrheiten des Daseins:
die Freude am Wachsen,
die Herrlichkeit des Tuns,
der Stolz auf das Können.
Das Gestern ist Erinnerung,
das Morgen nur ein Zukunftsbild.
Doch das recht gelebte Heute
macht jedes Gestern zum Andenken des Glücks
und jeden Morgen zum Bild der Hoffnung.
Achte daher wohl aufs Heute!

Wagen Sie den Sprung ins Wesentliche, das unsichtbar ist und doch unser Leben bestimmt. Wagen Sie »Ja« zu sagen zu jedem Moment. Das Leben findet täglich statt. Organisieren Sie jeden Tag neu, nutzen Sie ihn, und machen Sie das Beste daraus. Genießen Sie jeden Tag Ihres wundervollen Lebens!

In herzlichster Verbundenheit
Ihre

Gertrud Hirschi

7 Regeln der Wochenplanung

Oft werde ich gefragt, wie ich das alles schaffe: Die Woche über gebe ich Yogakurse, nebenbei schreibe ich Bücher, pflege die Gastlichkeit, habe Zeit zu lesen, zu wandern, kulturelle Veranstaltungen zu besuchen und vieles mehr. Die Antwort ist ganz einfach: Ich schaffe es dank meines Wochenplans. Für jeden Tag nehme ich mir etwas in punkto Arbeit und/oder Vergnügen vor. Meistens halte ich mich daran, aber ganz ohne Zwang. Hier ein paar Tips:

1. Erstellen Sie schriftlich einen Wochenplan (Stichworte genügen).
2. Bleiben Sie flexibel und spontan – was Sie am einen Tag nicht erledigen können oder wollen, verschieben Sie getrost auf den nächsten.
3. Setzen Sie Prioritäten!
4. Legen Sie einen Höhepunkt fest.
5. Planen Sie auch Ihre Meditationen und Ihre Ruhezeiten mit ein.
6. Schenken Sie sich oder einem ihrer Mitmenschen etwas.
7. Machen Sie einen Wochenrückblick, bringen Sie Unerledigtes zu Ende – und belohnen Sie sich für Ihre Leistungen.

7 Regeln der Meditationspraxis

Der Einstieg in die Meditation ist immer der gleiche: Sie nehmen eine gerade und entspannte Sitzhaltung ein und achten auf den Atem. Mit der folgenden Atemtechnik kommen Sie am schnellsten in den Alphazustand, einen entspannten Zustand, in dem man in die unbewußten Schichten tauchen und gleichzeitig den Kontakt zum Höheren Selbst herstellen kann. Diese Atemtechnik kann auch eine leicht berauschende Wirkung haben, und das tut besonders gut; sie weckt die Intuition und die Inspiration. Gehen Sie folgendermaßen vor:

1. Sie nehmen den Meditationssitz ein, oder setzen sich auf einen Stuhl – entspannt, stabil und aufrecht. Möchten Sie liegend meditieren, achten Sie auf eine entspannte, gleichmäßig ausgerichtete Rückenlage. Wenn nötig, legen Sie ein Polster unter die Oberschenkel oder ein Kissen unter den Kopf.
2. Nun machen Sie *sechs tiefe Atemzüge,* d.h., Sie atmen tief ein, halten die Luft einige Sekunden an und atmen wieder langsam aus. Während der Einatmung richten Sie sich erneut auf, und mit jeder Ausatmung lassen Sie jede Spannung in Gesicht, Schultern, Armen, Brust, Rücken, Becken und Beinen los.
3. Gestalten Sie die Visualisierung während des Lesens so klar und deutlich wie möglich – das aktiviert die linke Gehirnhälfte. Sie sind dabei voller Inbrunst, aber gleichzeitig bleiben Sie gelassen und ohne Erwartungshaltung. Entwickeln Sie das zur Visualisierung passende Gefühl. Man kann sich tatsächlich vorstellen, daß man glücklich und zufrieden ist! – und mit etwas Übung geht es immer besser und schneller.
4. Die angegebenen Affirmationen sprechen Sie im Rhythmus Ihres Atems. Sie können sie auch nur denken oder flüstern – so

oder so, versuchen Sie diese auch zu hören, das aktiviert die rechte Gehirnhälfte.

5. Wie lange Sie meditieren ist nicht von Bedeutung. Richten Sie sich danach, wie lange Sie Zeit haben. 3–30 Minuten sind gut.

6. Wenn Sie die Meditation beenden, lassen Sie sich Zeit, recken und strecken sich kräftig, und schalten Sie mit allen Sinnen wieder auf das Alltagsgeschehen um.

7. Meditationen, mit denen Sie ein besonderes Thema erarbeiten möchten, können Sie regelmäßig wiederholen: entweder jeden Tag 1- bis 2mal oder wöchentlich. Mit den Meditationen säen Sie Samen, mit den darauf folgenden Gedanken und Gefühlen während des Tages nähren Sie die Samen mit Luft (Gedanken) und Wasser (Gefühl). Darum sind Qualität und Färbung der Gedanken und Gefühle so wichtig. Eine zuversichtliche, gelöste und frohe Haltung ist dabei von größter Bedeutung.

8. Sie lesen richtig: Es gibt noch eine 8. Regel, da wir ja auch den 7 Wochentagen oft einen 8. hinzufügen. So verabschieden wir uns, indem wir sagen: »Dann bis in 8 Tagen« und meinen damit jedoch 7 Tage. Es ist ein verborgener Tag – eine verborgene Regel –, und es ist die wichtigste Regel, so wie auch das Unsichtbare und Unfaßbare in unserem Leben das Wichtigste ist. Nur das Licht bringt Verborgenes zum Vorschein. Wenden Sie sich bei jeder Meditation dem Licht zu – dem Göttlichen. Übergeben auch Sie Ihr Leben und Ihre Angelegenheiten der Liebe, der Weisheit und den Mächten des universellen Bewußtseins, und Sie erleben Frieden, Freude und die innere Freiheit – so zu sein, wie Sie möchten, das zu tun, was Sie erfüllt, und das zu haben, was Ihnen entspricht.

7 Regeln der Körperarbeit

Sie brauchen dazu 5–20 Minuten Zeit, einen ruhigen Ort, eine Matte oder gefaltete Wolldecke, lockere, weiche, leichte Bekleidung und eventuell ein Polster unter die Kniekehlen und ein kleines Kissen unter den Kopf, um während der Rückenlage entspannt liegen zu können.

1. Sammeln Sie sich, bevor Sie mit dem Üben beginnen.
2. Machen Sie die Lockerungsübung zu Beginn so lange, bis Sie ganz entspannt, locker und warm sind.
3. Atmen Sie immer durch die Nase.
4. Alle Bewegungen sind dem Atemrhythmus angepaßt.
5. Wenn Sie in einer Haltung verharren, sollte Ihr Atem langsam, regelmäßig, fließend und fein sein.
6. Sprechen Sie die Affirmation vor, während oder nach der Übung langsam, voller Inbrunst und Gelassenheit im Rhythmus Ihres Atems.
7. Bleiben Sie zum Schluß 3–10 Minuten in der Rückenlage liegen. Damit vervielfachen Sie die Wirkung des Ganzen.

7 Regeln der Mudra-Technik

So wie wir alles, was wir sagen, mit entsprechenden Gesten unterstützen, so drücken die Menschen im Osten auch während der Meditation bzw. während des Gebets ihre Gedanken oder Worte mit Gesten aus. Diese Gesten, sogenannte Mudras, bringen blockierte Energien zum Fließen; sie sind wohltuend und wirken regenerierend und heilend auf Körper, Geist und Seele.

1. Nehmen Sie eine zentrierte, aufrechte und entspannte Haltung ein. Wenn Sie stehen, sind die Füße nach vorn ausgerichtet, hüftbreit auseinander, und die Knie sind leicht gebeugt. Wenn Sie auf einem Stuhl (möglichst weit vorne) sitzen, sollten die Füße flach auf dem Boden aufliegen und gerade nach vorn ausgerichtet sein. Jetzt sind Sie geerdet, d. h., Sie nehmen in dieser Haltung die stabilisierende, regenerierende und zentrierende Kraft der Erde am besten auf. Wenn Sie die Mudras im Schneider- oder Meditationssitz praktizieren, achten Sie darauf, daß beide Fußaußenkanten auf dem Boden aufliegen, auch das begünstigt das Einfließen der Erdenergie. Für die Rückenlage beachten Sie Regel 1 auf Seite 21.
2. Machen Sie Ihre Mudra-Praxis zu einem heiligen, heilsamen Ritual. Richten Sie in diesen wenigen Minuten Ihre volle Achtsamkeit auf den Atem, auf die Handstellungen und auf das Thema.
3. Der langsame, bewußte Atem spielt eine zentrale Rolle, und die Pause nach der Einatmung bzw. nach der Ausatmung ist besonders wichtig. Wollen Sie sich mit einer Mudra erfrischen, so verstärken Sie die Einatmung; wollen Sie sich mit einer Mudra entspannen und zur Ruhe kommen, so verlangsamen und vertiefen Sie die Ausatmung.

4. Der Druck der Hände oder der Finger, die zusammengehalten werden, ist sanft und bewußt.
5. Die Bewegungen der Arme und Hände passen Sie Ihrem Atemrhythmus an.
6. Lassen sie sich Zeit, aber nicht die Dauer bringt am meisten, sondern die Intensität, mit der Sie die Mudra üben. Richten Sie all Ihre Sinne auf das, was Sie im Augenblick tun, auf das Sprechen oder auf den Atem.
7. Lassen Sie zum Schluß jeden Mudra-Zyklus in innerer und äußerer Ruhe noch etwas nachklingen.

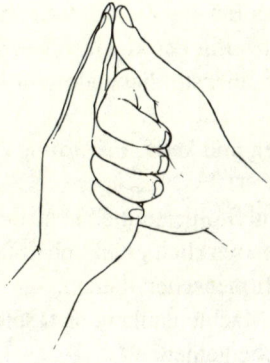

7 Regeln des positiven Denkens

Für das positive Denken sind einige wenige Regeln zu beachten. Werden diese nicht eingehalten, nützt es wenig oder kann sogar schaden.

1. Alte negative Denkmuster, Groll, Schuldgefühle, Verurteilungen, Vorurteile und Ängste loslassen.
2. Ziele nach Prioritäten geordnet schriftlich festsetzen.
3. Bereit sein, alles für das Ziel zu tun, was in der eigenen Macht liegt, und gleichzeitig der kosmischen Kraft vertrauen, im Wissen, daß sie die höchste, liebende und immerwährend helfende Macht ist.
4. Gelassen bleiben und keine Erwartungshaltung aufkommen lassen.
5. Rückschläge und Stolpersteine beharrlich überwinden.
6. Die Ziele sollen »wirklich glücklich« machen und auch der Umwelt und den Mitmenschen dienen.
7. Den helfenden Mächte danken, sich selbst loben und die Erfüllung der Wünsche genießen.

7 Regeln einer gesunden Ernährung

1. Kaufen Sie nur hochwertige Qualität und möglichst naturbelassene Produkte.
2. Lagern Sie das Gemüse so kurz wie möglich und in luftdichter Verpackung, damit Vitamine und Mineralstoffe erhalten bleiben.
3. Essen Sie nur frisch Gekochtes. Wenn die Zeit nicht reicht, essen Sie besser nur Salat oder ein Müsli.
4. Den größten Anteil Ihrer Ernährung sollten einheimisches Gemüse, Getreide und Früchte ausmachen.
5. Trinken Sie viel Wasser und Tees.
6. Essen Sie in einer harmonischen Atmosphäre, und kauen Sie gut.
7. Versorgen Sie auch Ihren Geist und Ihre Seele regelmäßig mit hochwertiger und Ihnen entsprechender Nahrung.

7 Regeln der Entspannung

Die Fähigkeit zur Entspannung ist enorm wichtig, weil damit das vegetative Nervensystem, das alle unbewußten Körperfunktionen reguliert, aktiviert und neue Kraft aufgebaut wird. Wirklich entspannt ist man erst, wenn auch der seelisch-geistige Bereich in Harmonie ist. Entspannen können Sie sich stehend, sitzend oder liegend – mit etwas Übung jederzeit und überall innerhalb weniger Sekunden.

1. Zuerst ein Glas Wasser trinken.
2. Sich vorstellen, man sei eine Marionette mit Fäden an allen Gelenken. Nun werden einige der Fäden langsam und sorgsam etwas nach oben gezogen und wieder locker gelassen. So heben sich beispielsweise das rechte Bein, der linke Arm, der Kopf fällt zur Seite und danach sinkt man in die Knie. Sie können die Bewegungen beliebig kombinieren. Wiederholen, bis ein bleischweres Nach-unten-gezogen-Werden eintritt.
3. Danach zentriert und aufrecht hinstehen, siehe 1. Regel, Seite 24, oder sich auf den Rücken legen, siehe 1. Regel, Seite 21.
4. Haben Sie die gewünschte Haltung eingenommen, seufzen Sie zu Beginn 6mal, danach atmen Sie durch die Nase ein und aus. Jeweils nach dem Einatem den Atem einige Sekunden anhalten und danach das Ausatem vertiefen und verlängern.
5. Nun mit der Achtsamkeit beim Atem bleiben und mit jedem Ausatem das Loslassen, Schwer- und Müdewerden zulassen.
6. Falls etwas mehr Zeit zur Verfügung steht, kann man sich ein beruhigendes, beglückendes Bild vorstellen und eine entsprechende Affirmation aufsagen.
7. Zum Schluß 6mal tief einatmen und sich kräftig recken und strecken.

Man muß über die Freuden des Lebens
nicht viel reflektieren.
Man genießt sie besser,
ohne sie zu zählen oder zu zergliedern.

Jean Paul

Sonntag

Tag der Sonne

Schon die alten Germanen haben den ersten Tag der Woche der Sonne zugeordnet. Die Sonne war für die alten Völker ein Symbol für die übermächtigen Kräfte des Kosmos, die das Geschick der Menschen steuern. Der Lichtgott des Nordens, Baldur, war ein vielgeliebter Götterjüngling mit sonnigem Gemüt. Apollo, ein wunderschöner Jüngling mit unwiderstehlicher Anziehungskraft, war der Sonnengott der Griechen und später auch der Römer. Ihm unterstanden die Hirten, die Musiker, die Poeten, die Jugend und die Heilkunst.

Der Sonntag ist zwar der Tag der Ruhe, trotzdem steckt in ihm der Neubeginn. Oft folgen einer Zeit der Ruhe und Muße neue Schaffenslust, neue Ideen und Begeisterung. Die Sonne hat viel mit Geburt, Keimen und Neubeginn zu tun (»Es kommt etwas ans Licht«). Wir denken zuerst in Ruhe über etwas nach – es keimt etwas, stellen es uns vor, versuchen zu spüren, wie es sein wird. Und wenn es uns zusagt, setzen wir es um.

Wie die Sonne in der Natur wirkt, als Lebenserweckerin und Lebenspenderin aller Pflanzen, so übt sie auch ihren Einfluß auf uns Menschen aus – und zwar auf der körperlichen, geistigen und emotionalen Ebene. Die Sonne verkörpert pure Lebensfreude, sie steigert die geistige Leistungskraft und regt allgemein den Stoffwechsel und die Hormonproduktion an. Sie läßt nicht nur die

Temperatur steigen, sondern auch die Stimmung. Sonnenlicht sendet über die Augen und die Haut Impulse an die Zirbeldrüse; das kurbelt die Ausschüttung von Glückshormonen an, von Endorphinen. Depressive sollten darum jeden Tag 10–30 Minuten Sonnenlicht tanken. Außerdem feuert die Sonne das Immunsystem an, aktiviert die sexuellen Triebe, vertieft die Atmung, und der Sauerstoffgehalt im Blut steigt; durch die Bildung von Vitamin D werden Knochen und Zähne gestärkt.

Viele Urlauber legen heute Hunderte von Kilometern zurück, um die Sonne zu genießen (und schaden damit der Umwelt), als ob sie zu Hause nicht scheinen würde. Ihre regenerierende und heilende Kraft wirkt sogar durch die Wolken, darum tut's auch ein sonntäglicher Spaziergang auf den nächsten Sonnenhügel. Die Wirkung des Lichts wird allerdings durch Glas stark vermindert. Nehmen Sie deshalb die Brille zwischendurch kurz ab. Wenn Sie – aus welchen Gründen auch immer – das Haus nicht verlassen können, setzen Sie sich ans *offene* Fenster. Auch durch die Poren der Haut wird Sonnenlicht getankt, aber nur, wenn sie nicht mit zuviel Sonnenschutzmittel verstopft sind.

Zuviel Sonne schadet allerdings nicht nur der Haut, sondern kann auch die inneren Körperfunktionen aus dem Gleichgewicht bringen – es kann schwächen oder aufheizen, d.h., man wird schlapp und faul *oder* innerlich unruhig und gereizt. Jeder kann spüren, wie an einem warmen, sonnigen Nachmittag das Denken und die Stimmung träge werden. Man wird angenehm müde und friedlich – sogar zu faul, um heftige Gefühle aufzubauen. Zuviel Sonne kann auch süchtig machen. Trotz der Gefahren liegt man stundenlang in der Sonne und bekommt nicht genug davon.

Aus astrologischer Sicht unterstehen der Sonne Selbstentfaltung und Individualität. Wie in einem Samen die ganze Pflanze vorbestimmt ist, so sind auch in jedem von uns bestimmte Eigenschaften und Neigungen angelegt, die wir annehmen und entfalten sollten. Zuviel Sonne kann allerdings auch »verblenden«: Man sieht alles zu rosig, überschätzt sich und nimmt sich zu wichtig, oder man wird gleichgültig und oberflächlich.

Probleme mit der inneren Sonne sind immer auch Probleme der gesamten Persönlichkeit und im besonderen des Herzens (»nicht mit dem Herzen dabei sein«). Menschen mit Herzproblemen passen sich oft zu sehr an, stehen nicht zu sich selbst, wollen sich anders geben als sie sind, und tun deshalb oft die für sie »falschen Dinge«.

Konkret könnte das bedeuten, daß Sie am Sonntag für einige Minuten oder Stunden etwas tun sollten, wozu Sie ganz persönlich Lust haben. Diese Tätigkeit sollte allerdings nicht zweckgebunden, sondern Stunden der Muße sein.

Wichtig ist, daß Sie sich öfters Zeit für bewußtes Innehalten und Stillwerden einräumen. Wie oft geht uns bei süßem Nichtstun – in der Stille – ein Licht auf, oder wir sehen eine Sache »in neuem Licht« oder es wird uns etwas »sonnenklar«. Dann sind wir kreativ und sonnenbestimmt und entwickeln eine tiefe Abneigung gegen das Enge, Niedrige und Dunkle. Wir werden großzügig, großmütig, wohlwollend und tolerant und sind uns unseres eigenen Wertes bewußt.

Der Sonntag eignet sich auch gut, um die Geselligkeit zu pflegen. Laden Sie Gäste ein, und genießen Sie es, im Mittelpunkt zu stehen. An diesem Tag spielt das Essen keine so große Rolle wie am Donnerstag. So könnten Sie die Woche mit einem geselligen Frühstück beginnen. Genießen Sie dazu Kaffee, Tee (geröstet), Toasts und Grilladen, denn darin sind Bitterstoffe enthalten, die nach der östlichen Heilkunde – allerdings in geringen Mengen – eine postive Wirkung auf Herz und Kreislauf haben. Und Herz und Kreislauf wiederum werden der Sonne zugeordnet.

Gestalten Sie also den Sonntag so, daß er für Sie etwas ganz Besonderes wird – genügend ruhen, der Muße frönen und Sonnenlicht tanken. Max Zumsteg sagt dazu so schön: »So wie die Sonne das Sonnensystem beherrscht, sollte auch das Sonnige über den Sonntag in die Woche einfließen. Der Sonntag soll so sonnig sein, daß er noch lange in die Arbeitswoche ausstrahlt und man sich auf den nächsten Sonntag freuen kann. Bereiten Sie den Sonntag vor, damit er nicht von Sach- und Arbeitszwängen bestimmt wird.

Durch einen Spaziergang, eine nette Begegnung, ein Konzert oder etwas anderes Schönes kann selbst ein Regentag in ›sonniger‹ Erinnerung bleiben.«

Großzügig strahlt die Sonne ihr Licht, ihre Wärme, ihre weckenden Kräfte auf alles und jedes aus. Will eine Pflanze erblühen, dann muß sie sich öffnen. Will ein Mensch sich voll entfalten, dann muß er sich ebenfalls öffnen – der Sonne, dem Symbol der göttlichen Kraft.

Der positive Sonneneinfluß:
Vitalität, Glanz, Optimismus, geistige Klarheit, Erkenntnis, Mut, Begeisterung, Leichtigkeit, Lust, Sexualität, Kreativität, Initiative, Unabhängigkeit, Selbstbewußtsein, Würde.

Der negative Sonneneinfluß:
Hochmut, Prunk, Gleichgültigkeit, Eitelkeit, Verblendung, Unersättlichkeit, Rücksichtslosigkeit, Ichbezogenheit.

In Verbindung treten
mit der kosmischen Kraft der Sonne

Jeder Planet verkörpert eine archetypische Kraft, die auch im Menschen zur Wirkung kommt. Ist diese Kraft harmonisch und ausgeglichen, zeigt sie sich als positive Eigenschaft und Fähigkeit. Da wir all dem Energie geben, womit sich unsere Gedanken und Gefühle beschäftigen, können wir davon ausgehen, daß wir mit der folgenden Visualisierung die guten Kräfte der Sonne, deren Anlagen wir auch in uns haben, verstärken.

Fällt es Ihnen leichter, sich mit einer vorgestellten Person in Verbindung zu setzen als mit einer abstrakten Idee wie beispielsweise mit einer Sonnenscheibe, dann stellen Sie sich die Sonne als Königin, als Herrscherin oder als Göttin/Gott vor (das Geschlecht spielt dabei keine Rolle).

Sie setzen oder legen sich bequem hin und kommen mit 10 tiefen Atemzügen in Ihr Innerstes. Stellen Sie sich vor:

Sie sind in einer südlichen Gegend, einer Gegend, die von der Sonne besonders geprägt ist. Sie stehen auf einem Hügel und betrachten in aller Ruhe und Besonnenheit die Landschaft, die sich vor Ihnen ausbreitet. Es ist Frühling, und rund um Sie blühen üppig Blumenfelder. Die Vegetation ist sehr vielfältig: Es gibt Olivenbäume, Reben und Orangenbäume, die alle reiche Früchte tragen, gleichzeitig blühen und einen beruhigenden Duft verströmen. Da es Vormittag ist, ist die Luft klar und frisch. Bald wird die Sonne höher steigen, und es wird heiß werden ... Sie schauen über schattige Landstriche, wo noch saftiges Grün herrscht, aber auch über sonnenbeschienene Hügel, wo schon viele Pflanzen gelb und braun verfärbt sind. Die Sonne erweckt jegliches Leben und beendet es auch wieder ... Sie gehen nun weiter und kommen an ein goldenes Tor, das Sie öffnen und durchschreiten. Sie befinden sich in einem parkähnlichen Obst- und Gemüsegarten ... Hier erwartet Sie Apollo, der Sonnengott, ein wunderschöner, blondgelockter Mann. Er bietet sich an, Sie durch das Reich der Sonnenkönigin zu führen. Sie besuchen mit Ihm reiche Plantagen, malerische Orte, deren Häuser weiß gestrichen sind, und in den schattigen Lauben sitzen die Menschen gemütlich beisammen ... Auch Sie begeben sich auf die sonnige Terrasse eines Kaffeehauses, um etwas zu trinken und sich von der Sonne bescheinen zu lassen ... Nach einer Weile unterbricht Apollo die Ruhe, indem er sagt: »Ich habe dir nun nur das Schöne und Wohlgefällige, die sogenannten Sonnenseiten unseres Landes gezeigt. Aber wo Sonne ist, da ist auch Schatten. Auch bei uns gibt es Menschen, die unglücklich und irregeleitet sind und so der Gemeinschaft schaden. Auch wir fordern die Menschen auf, nur so wenig Abfall wie möglich zu produzieren. Wir müssen unsere Achtsamkeit und Besonnenheit täglich schulen, um so zu leben, daß wir der Natur nicht schaden, daß wir keine Mitmenschen durch Unbesonnenheit verletzen oder verurteilen. Wie die Sonne am Himmel für alle scheint, so soll auch unsere innere Sonne für alle scheinen. In vielen Menschen herrscht Kälte und Dunkelheit, sie brauchen deine Wärme und dein Licht besonders. Du mußt nicht immer etwas tun oder sagen, sondern einfach nur verständnis- und liebevoll sein. Dies kannst du aber nur sein, wenn du deine Sinne öffnest für das Gute und Schöne, das uns stärkt, und wenn du dir die nötige Ruhe gönnst, die dir Besonnenheit und Klarheit schenkt. Sei auch du eine kraftvolle, wärmende und lichtspendende Sonne in deiner Welt, dann kommst auch du immer mehr in den Genuß von Sinnvollem und Beglückendem in deinem Leben.« ... Er nimmt nun Ihre Hand, führt Sie durch kleine, schattige Gäßchen zu einer breiten Treppe aus weißem Marmor. Sie führt zum weißen Marmorpalast der Sonnenkönigin. Sie durchschreiten bei leiser Sphärenmusik verschiedenfarbige Säle, die geschmückt sind mit Blumen und Kräutern des Sommers, z.B. Sonnenblumen, Rosmarin, Johanniskraut, Salbei, Melisse, Kamille, Margeriten und viele mehr. Sie kommen in einen besonders prunkvollen, weißen Saal, und da sitzt auf einem goldenen Thron die Sonnenkönigin. Sie trägt ein weißes Kleid, einen schweren goldenen Gürtel, eine Kette mit einem großen blauen Saphir, einen goldgelben Mantel und eine Krone, mit Diamanten und anderen verschiedenfarbigen Steinen verziert. Ihre Gesicht wird umrandet von einer goldblonden Haarpracht, und Ihre Augen sind von tiefstem Blau. Direkt vor ihr steht ein kleiner Schemel, und sie heißt Sie, Platz zu nehmen. Sie sagt: »Ich übertrage nun meine Energie auf dich, ohne daß du so oder so sein mußt, das oder dies tun oder haben mußt. Ich beschenke dich, weil du so bist, wie du bist. Es ist die Energie der Vitalität, der Hoffnung und des Muts, der Ruhe und Besonnenheit, der Klarheit, der Lust und der Begeisterung. Laß dich ganz davon erfüllen, und gib von dieser Energie ohne Vorbehalt weiter. Sei ein Licht, das deiner Umwelt Helligkeit, Klarheit und Hoffnung bringt.« Die Sonnengöttin verwandelt sich nun vor Ihren Augen in eine strahlende Lichtkugel, deren Licht und Kraft sich auf Sie überträgt ... Diese Lichtkraft durchströmt und umhüllt Sie ... Besonders in Ihrem Herzen spüren Sie eine wunderbare Wärme, die sich langsam über Ihren

ganzen Körper verteilt. Es ist, als würden Sie sonnenbaden; es
wärmt Sie bis ins Mark ... Genießen Sie diese Energie noch eine
Weile, und kommen Sie dann wieder zurück in die Gegenwart.

Meditationen für den Sonntag

Die alten Völker verehrten die Sonne und setzten sie dem Göttlichen gleich oder sahen in ihr ein Symbol der göttlichen Kraft.
Wie die Sonne jede Pflanze zum Erblühen bringt, wenn die Pflanze
am richtigen Platz steht und die Blütenblätter zur rechten Zeit öffnet, so können auch wir uns von der göttlichen Kraft helfen lassen,
wenn wir uns öffnen. Nur eine geöffnete Blüte kann befruchtet
werden und kann somit den Sinn ihres Daseins erfüllen. Genauso
ist es bei uns. Wie eine offene Blume wunderschön ist und Freude
macht, so kann uns die folgende Meditation viel Freude bereiten
und uns all das schenken, was Leichtigkeit und Licht in unser
Leben bringt.

Sich von Licht und Kraft erfüllen lassen

Nehmen Sie Ihre Meditationshaltung ein (siehe Seite 24), oder
legen Sie sich hin. Ihre Hände liegen wie offene Blumen locker auf
den Oberschenkeln. Stellen Sie sich vor:

Sie sitzen unter der strahlenden Sonne. Auf dem
Kopf, auf jeder Hand und jedem Fuß liegt ein offe-
ner Blütenkelch. Während der Einatmung nehmen
Sie das Licht durch die Blüten auf, lassen sich in der Atempause
davon erfüllen, und ausatmend verströmen Sie es durch ihr Herz
an Ihre Umwelt. Dabei wiederholen Sie den folgenden Leitsatz
mehrere Male:

»Ich öffne mich der göttlichen Freude, lasse mich davon erfüllen und strahle sie durch mein Herz hinaus in die Welt.«

Sie können auch andere Qualitäten einsetzen, die für Sie zur Zeit wichtig sind, z.B. heilende Kraft, göttliche Weisheit, wegweisendes Licht, göttliche Liebe, Frieden, Geduld, Gelassenheit usw.

Bleiben Sie 5–20 Minuten sitzen oder liegen, und beenden Sie die Meditation mit einem kräftigen Recken und Strecken.

Sonnengebet

Oft kommen Menschen zu mir, um sich Rat oder Trost zu holen, weil sie krank sind oder Sorgen haben. Dann empfehle ich ihnen zusätzlich zu allem, was sie dagegen oder dafür tun können, auch zu beten. Viele schauen mich dann hilflos an, weil sie nicht wissen, wie man betet. Ich kann das verstehen, denn es gab eine Zeit, da konnte ich es auch nicht mehr. Aber Beten kann man neu erlernen – und es ist ganz einfach. Den göttlichen Kräften ist es auch ganz egal, ob und wann man überhaupt schon mal gebetet hat. Man beginnt, und es wirkt sofort oder zu gegebener Zeit. Es gibt viele Arten von Gebeten, jede Meditation kann ein Gebet sein. Die folgende Meditation ist eines der schönsten Gebete, das ich überhaupt kenne.

Bei dieser Meditation geht es darum, daß Sie etwas loslassen, das Sie belastet, bedrückt oder schmerzt, und es den Wellen des Flusses übergeben. Wie übergeben Sie nun eine Sorge, eine Verpflichtung, eine Angst oder eine Krankheit diesen Wellen, da all dies ja keine sichtbare Form hat? Ganz einfach: Sie stellen sich das, was Sie loswerden möchten, symbolisch vor, z.B. als dunklen Knäuel, und lassen ihn über die Wellen tanzen. Abstrakte positive Begriffe wie Freude, Erkenntnis, Vitalität, Zukunftsprojekte usw. stellen Sie sich als Lichtkugel vor.

Nehmen Sie Ihre Meditationshaltung ein (siehe Seite 24), oder legen Sie sich hin. Stellen Sie sich vor:

 *Sie sitzen auf einem kleinen Sandhügel direkt am Meer. Die Hände sind zu offenen Schalen geformt, die das Wasser auffangen und wieder ausgießen ...*
Die Wellen kommen schäumend auf Sie zu, brechen vor Ihren Füßen, gehen wieder zurück und verschwinden im großen Meer ... Die Morgen- oder Abendsonne scheint, und die Strahlen spiegeln sich auf der Wasseroberfläche ... Eine goldene Straße führt direkt vor Ihnen über das Wasser in das Licht der Sonne ...

Während Sie ausatmen, lassen Sie das los, was Sie beängstigt oder bedrückt. Übergeben Sie es den Wellen, die es hinaus ins weite Meer tragen ... Sie tragen es über die Lichtstraße direkt zur Sonne, zum großen Licht – Symbol für das kosmische Bewußtsein oder das Göttliche, Kosmische ... Geben Sie alles ab – bis Sie sich herrlich frei und leicht fühlen. Es kann sein, daß Sie über einen längeren Zeitraum hinweg immer wieder dasselbe loslassen müssen, weil es immer wieder von neuem da ist. Bleiben Sie geduldig, bleiben Sie beharrlich!

Nun achten Sie verstärkt auf die Einatmung.

Während Sie einatmen, bleiben Sie offen für das Licht der Sonne, das die Wellen Ihnen zutragen. Es ist die Kraft der Zuversicht, der Weisheit, der Leichtigkeit und der Begeisterung, die sie Ihnen bringen. Alles wird gut werden, wenn Sie sich und Ihr Leben der göttlichen Kraft vertrauensvoll ganz übergeben und sich helfen und leiten lassen.

Mit einem großen Dankeschön für alles, was Sie sind und haben und was Ihnen in Zukunft geschenkt werden wird, beenden Sie die Meditation.

Lichtmeditation zur Regenerierung und Heilung

Die moderne Biophotonenforschung beweist, daß jede lebende
Zelle Licht in sich trägt und ausströmt. Die Qualität des Lichts
macht die Gesundheit aus. Auch kranke Zellen haben Licht in sich,
dieses Licht scheint allerdings schwach, ungeordnet und disharmo-
nisch, die Kommunikation mit anderen Zellen ist beeinträchtigt
oder ganz blockiert (z. B. bei Tumoren). Licht nehmen wir durch
die Augen, die Haut und durch die Nahrung auf (achten Sie deshalb auf die Qualität der Lebensmittel und Kleidung und nehmen
Sie im Freien die Sonnenbrille zeitweise ab). Die folgende Meditation wirkt ordnend und harmonisierend auf die Lichtstruktur der
Zellen und regt deren Kommunikation an. Sie stärkt Körper, Geist
und Seele, indem die Vorstellung von Licht die einzelnen Zellen
energetisch bzw. elektrisch auflädt und somit auch jeden Heilungsprozeß auf der körperlichen und seelisch-geistigen Ebene aktiviert.

Da die meisten Krankheiten ihren Ursprung auf der seelisch-
geistigen Ebene haben, sollte mit jeder Heilmeditation auch danach geforscht werde: Was macht mich krank? Was muß ich tun
oder lassen, um gesund zu werden und zu bleiben? Sind die Antworten, die von innen kommen, hart und zynisch, dann stammen
sie nicht vom Höheren Selbst, sondern sind die Stimme einer ver-
letzten Teilpersönlichkeit. Das Höhere Selbst ist verständnis- und
liebevoll und verlangt von uns nichts, wozu wir nicht die Kraft
haben.

Nehmen Sie Ihre Meditationshaltung ein (siehe Seite 24), oder
legen Sie sich hin.

Legen Sie die Hände auf Ihren Solarplexus, und massieren Sie
diese Stelle mit beiden Händen einige Sekunden. Nun lassen Sie
eine Hand auf dem Solarplexus und die andere legen Sie an die
linke Körperseite, auf die Milz. Machen Sie nun 6 tiefe Atemzüge:
Sie atmen durch die Nase ein und durch den Mund mit einem tiefen Seufzer aus.

Stellen Sie sich nun im Solarplexus eine Sonne vor, die mit jeder Einatmung noch heller und strahlender wird. *Die Strahlen reichen immer weiter – ins Becken – in die Brust – in die Beine – in die Arme – in den Hals – in die Füße – in die Hände – in den Kopf ... Wünschen Sie Heilung in einem bestimmten Körperteil, dann lassen Sie die Sonne nun langsam dorthin wandern. Lassen Sie die Sonne mit jedem Atemzug neu erstrahlen. Beide Hände oder nur eine Hand legen Sie nun an diesen Körperteil (falls er nicht erreichbar ist, z. B. im oberen Rückenbereich, auf die entsprechende Vorderseite [Brustbereich]. Stellen Sie sich außer dem Licht auch die Wärme vor ... Bleiben Sie dabei ganz gelassen, und sprechen Sie voller Inbrunst immer wieder:*

»Die Macht und Kraft des Lichts schaffen neue Ordnung und Heilung in ... (Setzen Sie hier den Namen des Organs oder des Körperteils ein).«

Beenden Sie die Meditation nach 5–30 Minuten. Bleiben Sie so noch einen Augenblick, und denken Sie darüber nach, wie es sein wird, wie Sie sich fühlen werden, was Sie anders machen werden, wenn Sie wieder gesund sind. Schon während der Krankheit ist es nötig, sich innerlich für die Zeit danach neu zu orientieren.
Jetzt sagen Sie 3mal die folgende Affirmation:

»Die göttliche Kraft trägt mich, die göttliche Liebe erfüllt mich, und das göttliche Licht weist mir den Weg zur Gesundheit, zum Guten und Schönen.«

Diese Meditation können Sie morgens vor dem Aufstehen, abends vor dem Einschlafen und natürlich auch bei einem Sonntagsspaziergang auf einem sonnigen Bänklein machen. Arbeiten Sie damit an einem ernsthaften Heilungsprozeß, dann sollen Sie diese Meditation jeden Tag 3mal 20–30 Minuten machen – bis es Ihnen wieder gutgeht.

Mudra – Licht und Energie tanken

Die folgende Mudra, Bhumisparsha-Mudra genannt, können Sie zu einem längeren Sonntagsritual gestalten oder zwischendurch praktizieren, wenn Sie schnell mal auftanken möchten (den dritten Teil können Sie dann weglassen). Bei den ersten zwei Teilen tanken Sie Energie auf, und im letzten Teil geht es um die Verbundenheit mit den Erdkräften, die Ihnen Ruhe und Stabilität geben, und den Himmelskräften, die Ihnen seelische Weite, Größe, Leichtigkeit und strahlende Freude schenken.

Nehmen Sie den Meditationssitz ein, setzen Sie sich auf einen Stuhl, oder stellen Sie sich geerdet hin (siehe Seite 24). Sie sind draußen an einen ruhigen Ort oder drinnen vor dem geöffneten Fenster.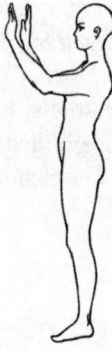
    Das Gesicht ist der Sonne zugewandt. Strecken Sie die Arme locker nach oben aus, die Handinnenflächen zeigen zur Sonne. Stellen Sie sich vor, wie Sie durch Augen und Hände mit jedem Atemzug Sonnenlicht aufnehmen und wie Licht und Wärme durch Ihre Handflächen bis in den letzten Winkel Ihres Körpers strömen.

Danach legen Sie die eine Hand auf den
Unterleib, die andere auf das Brustbein.
Spüren Sie die Wärme der Hände auf
Bauch und Brust.

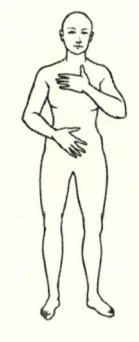

Setzen Sie sich hin, und formen Sie mit
den Händen die Bhumisparsha-Mudra:
Mit den Fingern der rechten Hand
berühren Sie den Boden, und die linke
liegt wie eine Schale in Ihrem Schoß.
Sprechen Sie dabei mehrmals:
>*Ich bin verbunden mit deinem Reich,
mit deiner Kraft, mit deiner Herrlichkeit in Ewigkeit. Amen.*«

Machen Sie die Mudra im Freien, können Sie beim Stehen oder
Gehen die linke Hand aufs Herz legen und den rechten Arm nach
unten hängenlassen.

Übungsreihe für den Herzbereich

Der Sonne wird das Herz im engeren und der ganze Brustraum
(Lunge) im weiteren Sinn zugeordnet. Die folgende Übungsreihe
bringt den Blutkreislauf in Gang, lockert den ganzen Körper, stärkt
das Herz und verbessert die Atmung.

1. HÜPFEN AUF DER STELLE

Sie bleiben dabei ganz entspannt und hüpfen so lange, bis Sie sich locker fühlen, warm werden und das Herz etwas schneller schlägt.

>*Verspannungen, Belastendes und Bedrückendes strömt wie dunkle Nebelschwaden aus meinen Poren und löst sich im Licht auf.«*

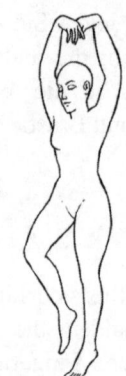

2. GRUSS AN HIMMEL UND ERDE

Im Stehen Einatmen; Arme heben, Bauch einziehen und die Arme hinter die Ohren bringen (kein Hohlkreuz!). Atem anhalten; Knie beugen und Oberkörper in die Waagrechte bringen, Arme kräftig nach vorn strecken und den Blick geradeaus halten. Ausatmen; Knie beugen, noch mehr beugen, Kopf hängen lassen, Hände aufstützen und Stirn auf den Boden stellen. Einatmen; sich mit Schwung wieder aufrichten, Arme heben ... 6mal

>*Ich grüße die herrlichen Kräfte des Himmels und beuge mich ehrfurchtsvoll zur mütterlichen Erde.«*

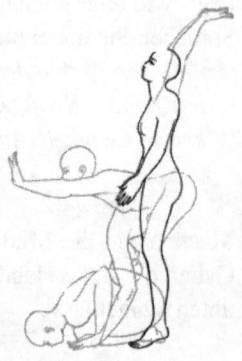

3. FEIGENBAUM

10 Atemzüge lang in der abgebildeten Stellung bleiben, dann die andere Seite üben.

>*Leichten und beschwingten Herzens erfreue ich mich am Licht der Sonne – das mein Leben verzaubert.«*

4. DREIECK

Arme und Beine durchstrecken. 10 Atemzüge in der abgebildeten Stellung bleiben
und die andere Seite üben.

*»Die Sonnen- und Schattenseiten
gehören zum Leben, das Sonnige siegt
immer.«*

5. ANDREASKREUZ

Sie stehen auf den Fußballen und dehnen
die Handflächen nach oben. 10–20 Atemzüge lang die Stellung halten.

*»Ich öffne mich dem Licht, der Liebe
und der Freude.«*

6. DREHUNG IM STAND

Weite Grätsche einnehmen und die Finger
aufstützen (evtl. auf ein dickes Buch stüt-
zen). Beine und Arme sind durchgestreckt.
Einatmen; den einen Arm heben und zur
Decke strecken, Oberkörper mitdehnen.
Beim Ausatmen wieder zurückführen. Im
Wechsel 6mal wiederholen.

*»Ich vertraue meiner inneren Kraft, die
mich immer stützt und trägt.«*

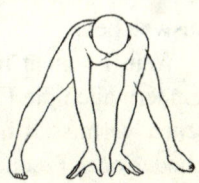

7. BRUSTWEITENDE ÜBUNG

Gehen Sie in die Knie; einatmen; die
Arme heben, Schulterblätter zusammen-
pressen und den Oberkörper etwas anheben. Ausatmen; Arme und Oberkörper
wieder senken.

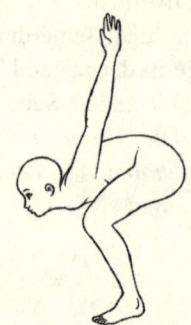

»*Die Sonne soll meinen Körper beleben, meine Seele wärmen und meinen
Geist zum Leuchten bringen.*«

Beugen Sie die Knie, und bleiben Sie
danach noch einige Sekunden ganz entspannt in der Hocke.

Farbe

Zum Sonntag gehört hauptsächlich die Farbe Weiß, nicht ein mat-
tes Weiß, sondern ein Weiß wie Schnee, der in der Sonne glitzert.
Alle Farben sind darin enthalten. Zum Sonntag gehört auch Gelb in
allen Schattierungen – vom hellsten Gelb bis zum tiefsten Gold-
gelb. Helle Kleider und Schmuck in Gold geben dem Sonntag
seine festliche Note. Bevorzugen Sie dunkle Kleidung, können Sie
auch auf die Komplementärfarbe Violett oder auf dunkles Blau
ausweichen.

Weiß ist nicht nur die Farbe der Freude und des Neubeginns,
sondern auch die Farbe der Trauer und des Abschieds. Viele Menschen vermissen besonders sonntags Ihren Partner, Familienmit-
glieder oder Freunde. Dem kann man vorbeugen, indem man den
Sonntag besonders sorgfältig plant, neue Freundschaften schließt
(dazu ist man nie zu alt!) und versucht für andere helle Freude und
Sonnenschein zu sein.

Musik

Die Musik für den Sonntag ist sehr breit gefächert und umfaßt alle
Stilrichtungen. So trifft auch für die Musik zu, was über die Sonne
gesagt wird: »Ob arm oder reich, die Sonne scheint für alle
gleich.« Ob Kirchenmusik, Volksmusik oder Klassik – zum Sonntag paßt alles. Mögen Sie es spielerisch, sinnlich, dann hören Sie
Soul (z. B. Aretha Franklin, Glydy's Knight). Oder hätten Sie lieber pompöse Musik? Experimentieren Sie sonntags mal, vielleicht
entdecken Sie dabei einen Musikstil, der eigentlich gar nicht so zu
Ihren Kreisen oder zu Ihrem Alter paßt. Lassen Sie es Ihr Geheimnis sein, und genießen Sie es von ganzem Herzen.

Ilse Arnold sagt dazu: »Sonntags, wenn ich fröhlich sein will,
höre ich am liebsten südamerikanische Musik. Sie ist so fröhlich und
positiv. Im Geist sehe ich dann die unendliche Weite des Ozeans,
die paradiesischen Strände, die wiegenden Palmen, spüre die
sanfte Brise, die unendliche Sehnsucht nach der allumfassenden
Liebe und die Leichtigkeit des Seins. Wenn ich aber in tiefere
Gefilde tauchen will, dann höre ich klassische Musik; wenn ich
die Einheit mit der Schöpfung und dem Schöpfer suche, höre ich
sakrale Musik: *Die Schöpfung* von Joseph Haydn. Wenn der Chor
singt ›Und Gott sprach, es werde Licht und es ward Licht!‹ und die
Musik mit einer so grandiosen Fülle auf mich einströmt, dann füllt
sich meine Seele mit Licht, dann tanzen die Engel und jubilieren,
dann bin ich Eins mit der All-Einheit und weine Tränen der Freude.
Und wenn dann der Engel Raphael seine Arie ›Leise rauschend
gleitet fort im stillen Tal der helle Bach‹ über das Wasser erklingen
läßt, dann bin ich ein Teil dieses Wassers, eile über tausend Steine
und Wasserfälle meiner Bestimmung – dem Meer – entgegen.
Dann spüre ich, daß gewisse Gedanken Gebete sind und es Augen-
blicke gibt, in denen – egal welche Stellung der Körper einnimmt –
die Seele kniet. Dann erkennt man den Sinn hinter dem Spruch von
Christian Morgenstern: ›Wer Gott aufgibt, der löscht die Sonne
aus, um mit einer Laterne weiterzuwandeln.‹«

Getreide – Weizen und Dinkel

Dem Sonntag wird der Weizen zugeordnet, der zum Gedeihen und Reifen viel Wärme und Sonnenlicht benötigt. Weizen wird von allen Getreidearten am besten verdaut, denn die Nährstoffe sind ausgeglichen vorhanden. Dank dieser Eigenschaft eignet sich das nährstoffreiche volle Korn hervorragend für geistig Arbeitende und als Diätetikum bei Herz- und Kreislaufstörungen. Durch die industrielle Verarbeitung gehen jedoch alle Vitamine, Mineralien, Ballaststoffe, ungesättigten Fettsäuren und die meisten wertvollen Eiweiße und Kohlenhydrate verloren. Weißbrot, aber auch alle anderen Weißmehlprodukte, verursachen Kalkmangel (Osteoporose), und der Vitamin-B-Verlust bewirkt Hyperaktivität bei Kindern und/oder erzeugt Nervenschwäche bei Erwachsenen.

Schon Zarathustra lehrte, daß man mit jedem Stückchen Brot – natürlich kein Weißbrot, das in feierlicher Stunde gegessen wird, die Kräfte der Sonne und damit auch das Licht des Göttlichen in sich aufnimmt.

Rezepte

Vollkornteigwaren aus bio-dynamischem Anbau sind für Gesunde wie Kranke ein hervorragendes Nahrungsmittel. Wenn Sie beim Anrichten noch einige Tropfen Olivenöl dazugeben, fördert das zusätzlich die Verträglichkeit.

Kochen Sie die Teigwaren, wie auf der Packung angegeben. Dazu servieren Sie eine rote, grüne oder weiße Soße. Diese Saucen werden ein bißchen Farbe in Ihren Sonntag bringen!

Die rote Tomatensauce
Je ¼ TL Basilikum und Oregano zusammen mit ¼ kleingeschnittener Zwiebel in Olivenöl leicht rösten.

Mit einem Schuß trockenem Rotwein oder Brühe abschrecken.

1 kleine Prise Zucker und ein paar wenige Tropfen frisch gepreßten Zitronensaft darübergeben.

2 gut gereifte Tomaten in kleine Würfel schneiden und 1 TL Tomatenmark dazugeben. Gut mischen und kurz vor dem Servieren mit frisch gepreßtem Knoblauch abschmecken.

(Ein kleiner Tip: Je länger Sie diese Sauce bei ganz schwacher Hitze ziehen lassen, um so kräftiger wird der Geschmack; eignet sich besonders gut zum Einfrieren und als Grundlage für andere Gerichte.)

Die grüne Basilikumsauce
Ein paar Blätter frisches Basilikum, einige Pinienkerne und kleingeschnittene Knoblauchzehe mit 1 EL Olivenöl im Mörser zerstoßen.

Die weiße Knoblauchsauce
Aus Butter, kleingeschnittenen Zwiebeln, Mehl, Milch und Gemüse- oder Fleischbrühe eine Portion cremige Bechamelsauce anrühren. Knoblauch nach Belieben hineinpressen und mit frisch gemahlenem Pfeffer abschmecken.

So können Sie den Sonntag
am besten nutzen und genießen

- Ruhen Sie nach Herzenslust – nächste Woche geht die Arbeit dafür doppelt so schnell voran.
- Stellen Sie morgens eine Schale Trinkwasser mit einem Sonnenstein (siehe Tabelle, Seite 172/173) an die Sonne. Sprechen Sie einen Wunsch für die kommende Woche ins Wasser, und trinken Sie es abends in kleinen Schlucken.
- Tanken Sie Sonnenlicht beim Wandern und/oder daheim am Fenster, auf dem Balkon oder im Garten.
- Malen Sie, und lassen Sie die Farben tanzen.
- Hören Sie oder machen Sie Musik.
- Singen und tanzen Sie – dazu braucht man nicht unbedingt einen Partner, eine Partnerin oder Publikum.
- Kleiden Sie sich besonders hübsch, und tragen Sie Gold.
- Lesen Sie ein besonders schönes Buch – vielleicht ein wenig Poesie.
- Frönen Sie Ihrem ganz persönlichen Hobby.
- Besuchen Sie eine Veranstaltung, bei der viele Menschen zusammenkommen.
- Laden Sie Gäste zum Frühstück oder zu einem Grillfest ein, und genießen Sie es, im Mittelpunkt zu stehen.

Montag

Tag des Mondes

M ontag – Mondtag, der Name sagt es bereits: Dieser Tag wird vom Mond regiert. Selene/Artemis, Kore/Persephone, Hekate und Hera sind, den Mondphasen entsprechend, die Mondgöttinnen des Südens. Sie verkörpern alle Lebensphasen von der Geburt bis zum Tod. Sie wurden als Fruchtbarkeitsgöttinnen und Geburtshelferinnen verehrt, aber auch als Zerstörende und Tötende gefürchtet. Obwohl im Norden schon seit Urzeiten ein Mondkult praktiziert wurde, sind Götter bzw. Göttinnen dieses Gestirns nicht speziell bekannt.

Es gibt wenig auf Erden, das nicht direkt oder indirekt vom Mond beeinflußt wird. Beobachten wir Ebbe und Flut, wird uns die gewaltige Kraft des Mondes, der solch mächtige Wassermassen bewegt, erst richtig bewußt. Auch im menschlichen Körper beeinflußt der Mond den Wasserhaushalt und die Verdauungssäfte, indem er sie unter anderem staut oder zum Fließen bringt. Er beeinflußt auch Keimen und Wachstum der Pflanzen und bestimmt weitgehend das Verhalten der Tiere. Der Mond hat außerdem starken Einfluß auf die menschliche Psyche. Er kann z. B. aggressiv machen oder auch lähmend wirken. So könnte man es am Montag beispielsweise besonders gerne haben, wenn einem gesagt wird, was zu tun ist und wo es langgeht.

Der Mond spricht im Menschen die tiefsten Seelenschichten, das
Unterbewußtsein an. Auch die Gabe der Intuition hängt weitgehend vom Mond ab. Bei Vollmond wird mehr geträumt. Traumen
aus der frühsten Kindheit können sich später bei bestimmter
Mondstellung im Traum wieder zeigen. Dabei können belastende
Muster aus dem Unterbewußtsein zum Vorschein kommen und
aufgelöst werden.

Montags darf man aber auch in schönen Erinnerungen schwelgen oder den Sinn von schlechten Erinnerungen zu ergründen
suchen.

Dem Mond wird allgemein das Weibliche in jedem Menschen
zugeordnet. Eine Stärke des Weiblichen ist die Kraft der Geborgenheit. Früher war die Frau auch die Hüterin des Feuers (später
des Hauses), um das sich bei Sturm, Kälte und Regen die ganze
Sippe scharte. Und wer kann einer Familie, Kindern, alten Menschen und Freunden besser ein Gefühl der Geborgenheit und Zuversicht schenken, als die Frauen (es gibt allerdings auch Männer,
in denen das Weibliche sehr stark ausgeprägt ist). Diese Stärke
steckt in jedem Menschen, aber oft redet man sich das Gegenteil
ein und meint, von anderen Menschen diesbezüglich abhängig zu
sein.

Abhängigkeit ist ein großes Thema des Mondes. Vom Mondeinfluß wird die Mutter-Kind-Beziehung stark geprägt. Dabei geht es
nicht so sehr darum, ob diese positiv oder negativ ist, sondern wie
stark sie ist. Zu starke Abhängigkeit eines Erwachsenen von seiner
Mutter oder umgekehrt der Mutter von ihrem erwachsenen Kind
sollte aufgelöst, erlöst werden. Es geht auch nicht darum, was und
wieviel man füreinander tut, sondern wie man sich in seinen eigenen Entscheidungen von der Mutter bzw. von Sohn oder Tochter
beeinflussen läßt und inwieweit die Gedanken tagein tagaus um
die Eltern bzw. die erwachsenen Kinder kreisen und/oder ob man
durch die anderen lebt bzw. zu leben versucht.

Die meisten negativen Kindheitserinnerungen kreisen um Menschen, von denen man einmal abhängig war und/oder die uns in
irgendeiner Weise verletzt haben. Die dadurch entstandenen Ge-

fühle wie Groll, Rache oder sogar Haß können uns ernsthaft krank machen. Also weg damit! Dafür eignet sich der Montag bestens, denn so, wie der Montag für viele der wöchentliche Waschtag ist, so könnte er auch der Tag sein, an dem man die »innere Wäsche« wäscht, d. h., sich reinwäscht von diesen alten negativen Gefühlen. Wenn Sie sich dabei bewußtmachen, daß nur Menschen, die selbst unglücklich, frustriert oder irregeleitet sind, anderen Leid zufügen, dann fällt Ihnen das Vergeben und Vergessen vielleicht etwas leichter. Alle großen Religionsstifter halten zur Vergebung an, weil sie für das Seelenheil ganz wichtig ist. Um die Gerechtigkeit brauchen wir uns nicht kümmern ...

Eine weitere weibliche Stärke ist die Fähigkeit der Anpassung und des Erduldens. Auf lange Sicht kommt man oft weiter, wenn man sich in einer ausweglosen Situation anpaßt und das Beste daraus macht, statt gegen eine Mauer zu kämpfen. Was das Erdulden anbelangt, sollte man eine gewisse Grenze nicht überschreiten.

Auch Melancholie und Launenhaftigkeit werden vom Mond beeinflußt. Oft kann man unangenehme Stimmungen überbrücken oder sogar auflösen, wenn man sich diese ehrlich eingesteht (vielleicht sogar das soziale Umfeld einbezieht). Wenn man sich innerlich davon distanziert (»Ich bin zwar miserabler Laune, aber den Tag lasse ich mir nicht verderben!«), dann lösen sich solche Stimmungen oft in Rauch auf.

Dem Mond untersteht teilweise auch das Magische und die Furcht. Im Mondschein sieht alles anders aus als bei hellem Sonnenschein: Das Wasser glitzert silbrig, Bäume und Gebäude werfen lange und oft sogar bedrohliche Schatten. Es wird im Halbdunkel etwas vorgetäuscht, was gar nicht ist. Dasselbe kann in den dunklen, inneren Bereichen des Menschen passieren. Sie erzeugen einen Schatten, weil sie unbekannt sind, und erzeugen Furcht – Furcht vor sich selbst oder auch vor den Mitmenschen, vor alltäglichen Situationen, Tieren usw. Am Montag kann sich diese Mondeigenschaft auch in der Angst vor der kommenden Woche zeigen.

Wie der Mond kein eigenes Licht besitzt, sondern nur das Sonnenlicht reflektiert, so besitzt auch der Montag oft wenig eigenen

Glanz und eigene Kraft. Wenn man montags noch nicht »ganz auf
Draht« ist, so entspricht das der tieferen Symbolik des Tages. Der
Montag kann wirklich seine Launen haben, wie ich schon selbst
bemerkte. Man wacht morgens auf, ist voller Tatendrang, und dann
kommt man mit seinen Montagspflichten doch nicht richtig vom
Fleck. Wichtig ist auch immer zu beachten, ob gerade zu- oder
abnehmender Mond, Vollmond oder Neumond (siehe Literatur-
verzeichnis Seite 174, Batthyany de la Lama).

Lassen Sie sich also nicht von einem launischen Mond den Montag
verderben, sondern treten Sie etwas leiser, schwelgen Sie vielleicht
in schönen Erinnerungen oder in süßer Melancholie, und warten
Sie auf den Dienstag – da sieht alles wieder anders aus.

Der positive Mondeinfluß:
Beziehungsmuster von Mutter / Kind bzw. Kind / Mutter, Geborgenheit, Anpassung, Empfänglichkeit auf jeder Ebene, Intuition, Magie,
gutes Gedächtnis, Geduld, Sympathie, Annehmen und Abgeben,
zyklische Wiederkehr, Medialität.

Der negative Mondeinfluß:
Unkontrollierte Aggressionen, Launenhaftigkeit, innere Unruhe,
Zerstreutheit, Passivität, Überempfindlichkeit, Abhängigkeit, Stimmungsschwankungen, Depremiertheit, übertriebene Sorgen, Verhaf-
tungen an die Vergangenheit, Müdigkeit.

In Verbindung treten
mit der kosmischen Kraft des Mondes

Jeder Planet verkörpert eine archetypische Kraft, die auch im Menschen zur Wirkung kommt. Ist diese Kraft in Harmonie, zeigt sie sich als gute, als positive Eigenschaft und Fähigkeit. Da es eine alte Tatsache ist, daß wir all dem Energie geben, womit sich unsere Gedanken und Gefühle beschäftigen, können wir auch davon ausgehen, daß wir mit der folgenden Visualisierung die guten Kräften des Mondes, dessen Anlagen wir auch in uns haben, verstärken.

Fällt es Ihnen leichter, sich mit einer vorgestellten Person in Verbindung zu setzen als mit einer abstrakten Idee wie z. B. einer Mondscheibe, dann können Sie sich den Mond auch als Urmutter vorstellen.

Die folgende Visualisierung mache ich besonders gerne, weil Sie mir Geborgenheit schenkt. So wie ich als Kind eine innige Beziehung zur Muttergottes hatte, so kann ich auch jetzt wie ein Kind bei der Mondgöttin Schutz, Trost und jeglichen Beistand finden.

Sie setzen oder legen sich bequem hin und kommen mit 10 tiefen Atemzügen in Ihr Innerstes. Stellen Sie sich vor:

 *Sie gehen an einem weitläufigen Sandstrand spazieren. Der Sand unter Ihren nackten Füßen ist naß, aber warm und angenehm. Hell scheint der Mond am Himmel und läßt das Wasser silbrig glänzen ... Sie gehen nach links auf eine gigantische Brücke zu, die aussieht wie eine Mondsichel und mit zwei riesigen Eckpfeilern aus Silber* verziert ist. Sie führt über einen breiten Fluß, der ins Meer mündet ... Sie gehen über die Brücke, und es sieht aus, als würden Sie in eine andere, in eine magische Welt eintauchen. Der Himmel, der Sand und das Meer scheinen nun in vielen Farbtönen von Silbrig über Lila bis Violett zu dunklem Grün und Blau ... Sie richten den Blick auf den Mond und sehen, daß eine Gestalt aus der Scheibe*

tritt. Langsam schwebt sie auf Sie zu ... Es ist eine Frau mit langem, schwarzen Haar. Sie trägt ein silbriges Kleid mit einem breiten, violetten Gürtel und darüber einen blauen Mantel. Sie kommt nun ganz nah, und Sie sehen, daß ihre Augen von tiefstem Blau sind ... Instinktiv wissen Sie, daß Sie nun der Mondgöttin, der Urmutter alter Kulturen, gegenüberstehen. Sie verkörpert all die positiven Aspekte des Mondes ... Vergegenwärtigen Sie sich, was ein Kind von seiner Mutter erwartet, und bitten Sie nun die Mondgöttin um ihre Liebe, ihre Hilfe, ihre Stärke, ihre Unterstützung und was immer Sie von ihr als liebende, wohlwollende, mächtige Mutter brauchen. Die Mondgöttin nimmt Ihre Hände, drückt sie an ihre Brust, und Sie spüren, wie ihre Wärme und Energie auf Sie überfließt. Lassen Sie sich davon ganz erfüllen ... Sie bleiben noch eine Weile bei ihr in der Stille sitzen und warten – vielleicht hat die Mondgöttin Ihnen noch etwas zu sagen. Schließlich trennen Sie sich, und Sie sehen, wie die Gestalt wieder langsam zum Mond entschwebt und in die leuchtende Scheibe eintritt.

Meditationen für den Montag

Dem Mond wird das Element Wasser zugeordnet. Wasser ist das Symbol für den Gefühlsbereich und für das Unterbewußtsein. Negative Muster, die sich in der Vergangenheit in das Unterbewußtsein eingeprägt haben – schmerzende Erinnerungen, negative Glaubenssätze wie z. B. »Das kannst Du doch nicht!«, Stimmungen und Denkgewohnheiten – können uns das Leben schwermachen, indem sie unseren Willen schwächen und/oder Ängste erzeugen.

Die folgenden Meditationen wirken reinigend und können Sie von allem befreien, was das Leben unnötig schwermacht. Wählen Sie einfach eine davon aus.

Die Vergangenheit loslassen

Nehmen Sie Ihre Meditationshaltung ein (siehe Seite 24), oder legen Sie sich hin. Ihre Hände liegen locker auf den Oberschenkeln, die Finger zeigen zum Boden (verbrauchte Energie abfließen lassen). Stellen Sie sich vor:

 *Sie sitzen bei Tagesanbruch an einem breiten Strom. Vor Ihnen fließen die großen Wassermassen, die in allen dunkeln Farbvarianten funkeln. Die Sonne – eine feuerrote Kugel – steigt langsam auf und taucht den Himmel in lila und violettes Licht ... Während Sie ausatmen, übergeben Sie dem dunklen Fluß alles, was Sie aus der Vergangenheit belastet. Erinnerungen, die Sie schmerzen, fließen wie dunkle Säfte in den reißenden Strom ... Menschen, die Sie in der Vergangenheit verletzten, setzen Sie in große, silberne Muscheln. Diese werden von den Wellen des Stroms über den Fluß zur aufgehenden Sonne gebracht. Das Licht der Sonne, das Göttliche, soll deren dunkle Seiten erhellen und sie glücklich machen ... Lassen Sie los ... lassen Sie los ... lassen Sie los ... Sprechen Sie dabei langsam und bewußt 7mal:*

»Meine Schmerzen der Vergangenheit übergebe ich dem Strom der Liebe, der Vergebung, der Reinheit. Ich werde innerlich frei, und tiefster Frieden kehrt in mich ein.«

Beenden Sie die Meditation, wenn Sie sich wohl und frei fühlen.

Sorgen und Ängste loslassen

Sorgen machen wir uns dann, wenn wir von Ängsten geplagt werden, und von Ängsten werden wir geplagt, wenn wir etwas nicht im richtigen Licht sehen, d.h., wenn wir keine Zuversicht, kein Gottvertrauen haben. Ich kenne das sehr gut, denn ich war früher sehr ängstlich. Ich hatte Angst vor meinen Vorgesetzten, vor Blamage, vor allen möglichen und unmöglichen Krankheiten, vor dem Alter usw. Stundenlang konnte ich Probleme wälzen, meinen Ängsten frönen und mich dabei in die grauenhaftesten Phantasien verstricken. Sorgen drücken nieder, verbittern und machen krank. Meditationen wie die folgende verwandelten meine Ängste in Zuversicht, und diese Zuversicht veränderte mein ganzes Leben. Bei allem, was ich heute anpacke, habe ich das Gefühl, daß es gut wird. Menschen, denen ich begegne, meinen es gut mit mir und helfen mir; ich bin und bleibe gesund, bis auf gelegentliches Unwohlsein, das wohl zum Leben gehört. Auch das Älterwerden wird mir sicher viel Freude bringen und Spaß machen.

Nehmen Sie Ihre Meditationshaltung ein (siehe Seite 24), oder legen Sie sich hin. Ihre Hände liegen wie offene Blumen locker auf den Oberschenkeln. Stellen Sie sich vor:

In einer Vollmondnacht sind Sie auf einem Weg, der direkt in den Wald führt. Die hohen Bäume scheinen weißgrau und werfen gigantische Schatten. Sie dürfen sich ruhig ein wenig fürchten, trotzdem gehen Sie aber beherzt weiter ... Sie kommen an eine Waldlichtung. Vor Ihnen liegt ein Teich, in dem sich der Vollmond spiegelt. Sie setzen sich auf eine Bank und versuchen, sich in dieser etwas unheimlichen Stimmung heimisch zu fühlen. Denken Sie nun über Ihre Ängste nach. Haben Sie eine konkrete Angst, z.B. vor einem Menschen, vor einer Auseinandersetzung, vor einem medizinischen Untersuchung oder vor einem neuen Lebensabschnitt; dann denken Sie darüber nach, wie es denn wäre, wenn Ihre Befürchtung eintreten würde. Was könnte Ihnen dann tatsächlich passieren. Nun dürfen Sie für eine kurze Weile nach Herzenslust schwarzmalen ... Beenden Sie nun Ihre Überlegungen, und achten Sie statt dessen auf Ihren Atem ... Während Sie ausatmen, denken Sie an eine Ihrer Ängste oder Sorgen, die wie eine dunkle Rauchfahne aus Ihrem Körper entweicht, vom Mondlicht nach oben gezogen und vom Mond schließlich verschluckt wird. Befreien Sie sich nun so von Ihren Sorgen bzw. Ängsten. Nicht nur einmal, sondern immer wieder, bis Sie einfach die ganze Sache leid sind ... Vielleicht fühlen Sie sich nun sogar etwas ausgelaugt – das ist ganz gut ... Nun denken Sie sich Lösungen aus. In jedem Problem steckt schon die Lösung, und tief in jeder Angst oder Sorge verbirgt sich eine positive Kraft, die nur darauf wartet, erlöst zu werden ... Lassen Sie sich beim Suchen von Lösungen viel Zeit ... Wo und wie könnten Sie Hilfe bekommen? Hilfe von außen, aber auch Hilfe aus Ihrem Innersten oder göttliche Hilfe ... Lassen Sie nicht locker, bis sich eine befriedigende Lösung zeigt ... Der Himmel wird nun etwas heller, die Morgendämmerung bricht an ... Nun konzentrieren Sie sich auf die aufsteigende Sonne und auf Ihre Einatmung. Atmen Sie nun die Farben der Sonne ein: Rot soll Ihnen Kraft, Mut und Elan schenken; Orange bringt Fröhlichkeit und Leichtigkeit; Gelb gibt geistige Klarheit und Begeisterung; Weiß ist die Farbe des Neubeginns, in dem viele Möglichkeiten nur darauf warten, von Ihnen entdeckt zu werden ... Schauen Sie sich nun um: Sie stehen in einer wunderschönen, vom Morgenlicht verzauberten, Umgebung ...

Mit einem Dankeschön für alles, was die Zukunft für Sie bereithält, beenden Sie die Meditation.

Machen Sie diese Meditation so oft, bis Sie die aufgezeigte Lösung voll und ganz befriedigt. Falls nötig, jeden Montag!

Abhängigkeiten auflösen oder Visualisierung als Geschenk an einen Mitmenschen

Abhängigkeiten können überall entstehen und bringen früher oder später immer Leid und Schmerz. Wenn wir merken, daß unsere Gedanken zuviel um einen bestimmten Menschen kreisen, dann müssen wir aufpassen, denn es könnte eine Abhängigkeit bestehen. Aber nicht nur von Menschen, sondern auch von Orten, von der Arbeit, vom Erfolg und selbstverständlich von Genußmitteln kann man abhängig werden. Schlimm daran ist, daß man sich dessen sehr oft gar nicht bewußt ist (das Mondlicht vertuscht gerne). Wenn Sie das Gefühl haben, daß ein Mensch oder eine Sache die Macht hat, Sie in den siebten Himmel zu heben, Sie todunglücklich zu machen, oder den größten Teil Ihres Lebensinhalts ausmacht, dann sind Sie innerlich nicht mehr frei, sondern abhängig. Verstehen Sie mich recht: Wir sollen unsere Eltern, Partner oder Kinder lieben und für sie sorgen, aber wir dürfen keine übertriebene Abhängigkeit zulassen. Das schadet allen Beteiligten.

Die folgende Meditation, jeden Montag von neuem gemacht, kann langsam, aber sicher leidvolle Abhängigkeiten auflösen, viel Segen, innere Freiheit und Frieden bringen. Ich mache sie auch sehr gerne für Menschen, die in Not sind oder einfach als ganz persönliches Geschenk an jemanden, dem ich eine Freude machen möchte.

Sie können den »Ort der Kraft«, an den ich Sie in dieser Meditation führe, auch anders benennen, z. B. Ort der Heilung, der Liebe, der Freude, der Gerechtigkeit oder Wahrheit.

Nehmen Sie Ihre Meditationshaltung ein (siehe Seite 24), oder legen Sie sich hin. Stellen Sie sich vor:

Sie befinden sich in einer wunderschönen Landschaft. Vor Ihnen liegt ein See, in dessen Mitte steht auf einer kleinen Insel ein Tempel, eine Kirche, eine Höhle oder ein Baum ... Es ist ein Ort der göttlichen Kraft ... Sie setzen sich an den See, und nun schwimmt ein kleines Schiff, das von der Mondgöttin gerudert wird, auf Sie zu. Sie übergeben Ihr nun vertrauensvoll Menschen, von denen Sie sich abhängig fühlen oder die Sie zu stark besetzen, und lassen diese in das Boot steigen ... Die Mondgöttin rudert das Schiff samt Inhalt zum »Ort der Kraft« ... Sie bleiben allein zurück. Gedanklich und gefühlsmäßig lassen Sie die Menschen vertrauensvoll los ... Vielleicht fällt es Ihnen anfangs schwer, versuchen Sie es trotzdem. Sie wissen, am Ort der Kraft bekommen die Menschen all das, was gut für sie ist, all das, was sie glücklich macht, all das, was sie brauchen, um Sinn und Zweck des Lebens zu erfüllen ... Vielleicht fühlen Sie sich nun leer und einsam, so ganz allein am See ... Lassen Sie diese Gefühle ruhig eine Weile zu ... Da kommt wieder die Mondgöttin mit ihrem Schiff vorbei. Sie steigen ein und werden auf die andere Seite des Sees gebracht. Auch das ist ein Ort der Kraft, hier wohnt die Mondgöttin selbst – und sie lädt Sie zu einer köstlichen Mahlzeit ein. Nun fragen Sie die Mondgöttin, wie Sie die neue Situation – ein freies Leben ohne Abhängigkeiten – meistern und genießen können. Stellen Sie zu Ihrem Thema ganz verschiedene Fragen. Umkreisen und durchdringen Sie Ihr Thema mit Fragen ... Sie müssen wieder lernen, Fragen zu stellen, denn von den gestellten Fragen hängt meistens auch die Antwort ab. So gewiß, wie im Meer nach jeder Ebbe wieder die Flut kommt, so gewiß entsteht auch im Leben nach jeder Leere wieder neue Fülle ... Bleiben Sie noch eine Weile achtsam in der Stille, und horchen Sie nach innen ... Dann beenden Sie die Meditation, auch wenn vielleicht noch einige Fragen in bezug auf Ihre Zukunft offen sind. Sie können sicher sein, sie werden zur richtigen Zeit zu Ihrer vollen Zufriedenheit beantwortet werden.

Mudra – für mehr Vitalität und Ausgeglichenheit

Diese Mudrafolge, der Pran-Mudra-Zyklus, unterstützt das Loslassen von verbrauchter Energie und aktiviert und erfrischt die Energie im Beckenbereich. Sie schenkt innere Ruhe, Gelassenheit und Stabilität und steigert allgemein die Vitalität. Der Mond hat einen großen Einfluß auf Stimmungsschwankungen – mit dieser Mudra können sie auf ein gesundes Maß reduziert werden.

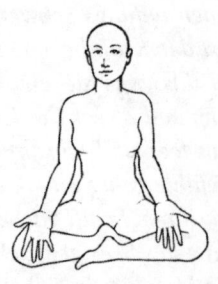

Nehmen Sie den Meditationssitz ein, setzen Sie sich auf einen Stuhl, oder stellen Sie sich geerdet hin (siehe Seite 24). Legen Sie die Hände mit gestreckten Fingern auf die Oberschenkel, und konzentrieren Sie sich einige Minuten auf die Ausatmung. Befreien Sie sich von Ihrem seelischen »Müll« (allen negativen Erinnerungen, Vorstellungen …), indem Sie sich vorstellen, wie er durch die Hände in die Erde abfließt.

Nun legen Sie beide Hände wie zwei Mondsicheln aneinander, nur die Handwurzeln und die Fingerspitzen berühren einander (bei den Daumen liegen die äußeren Fingerkanten an den Nägeln).

Sie reiben die Hände sanft aneinander, daß an allen Kontaktstellen eine feine Massage entsteht. Nun nehmen Sie die Finger leicht auseinander und halten die Hände 2–5 Minuten lang in dieser Stellung, dabei konzentrieren Sie sich auf die Berührungsfläche der Handwurzeln. Ihr Atem ist dabei tief, langsam, fein und fließend. Die Pausen nach der Ein- bzw. Ausatmung sind etwas verlängert.

Bei beiden Händen legen Sie die Spitzen
von Daumen, Ringfinger und kleinem Finger aneinander. Sie konzentrieren sich
dabei auf Ihre Bauchatmung. Bei den ersten 6 Atemzügen ziehen Sie bei der Ausatmung die Bauchdecke etwas ein. Danach atmen Sie langsam, ohne jegliche
Spannung und sprechen dabei:

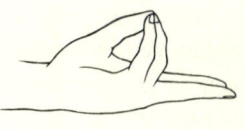

> *»Das Kosmische Bewußtsein, wirkt in*
> *mir, für mich und durch mich – und*
> *alles ist gut.«*

Übungsreihe für den Beckenbereich

Dem Mond werden der Magen, das Verdauungs- und Lymph-
system und die weiblichen Geschlechtsorgane zugeordnet. In der
folgenden Übungsreihe wird die Durchblutung, die Spannkraft und
Entspannung im Beckenbereich gefördert.

1. SCHMETTERLING
Locker mit den Knien wippen und dabei
die Vibration im Becken wahrnehmen.

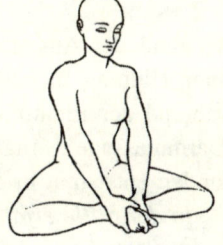

> *»Großzügig lasse ich Vergangenes los*
> *und übergebe es dem Strom der Zeit –*
> *der Vergebung – des Vergessens.«*

2. Übung zur Belebung des Beckenbodens
(und gegen Blasenschwäche)

Sie drücken die Knie mit den Händen
zusammen und geben mit den Knien Ge-
gendruck. Gleichzeitig wird der Schließ-
muskel der Blase zusammengezogen, als
wollten Sie Urin zurückhalten. 12mal anspannen und loslassen.

*»Ich habe die Kraft und den Mut, mich
im Guten von Menschen zu lösen, die
mich zu stark festhalten oder die ich zu
stark festhalte.«*

3. Brei rühren im Hexenkessel

Vor Ihnen steht ein großer Kessel auf
einem Feuer. Darin rühren Sie Ihr Zauber-
süppchen, rechts herum und links herum.
6mal

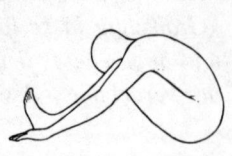

*»Voller Zuversicht erwarte ich
die Geschenke des Lebens.«*

4. Zange

Während der Ausatmung in der abgebildeten Haltung Bauchdecke einziehen und
während der Einatmung wieder loslassen
(Darmmassage), 6mal. Danach einige Sekunden entspannt in der Stellung bleiben.

*»In der Stille erfahre ich, was für mich
das Beste ist.«*

5. KLAPPMESSER

a) Die gestreckten Arme und Beine mehrmals auf- und abbewegen.

b) Arme und Beine mehrmals weit grätschen und kreuzen.

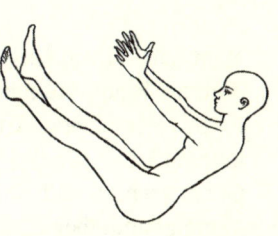

Danach auf den Rücken liegen, die Knie zur Brust ziehen und einige Sekunden mit den Armen locker umfaßt halten.

»Gelassen und voller Zuversicht blicke ich in meine Vergangenheit und in meine Zukunft.«

6. KROKODIL

Rückenlage, Arme nach oben legen und Beine grätscht aufstellen; beim Ausatmen die Knie nach rechts senken und den Kopf nach links drehen. 6 Atemzüge in dieser Stellung bleiben. Beim Einatmen die Beine wieder aufstellen und den Kopf zur Mitte drehen. 2–4mal auf beiden Seiten wiederholen.

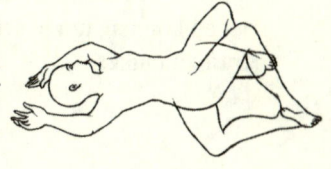

»Ein bißchen träumen, ein bißchen lieben – das gönne ich mir, das tut mir gut.«

7. KERZE

Sie beugen und strecken die Beine, als würden Sie radfahren. Danach 10–20 Atemzüge bewegungslos in der Stellung bleiben.

»Meine Tiefe ist immer mit dem Höchsten verbunden.«

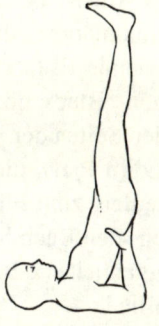

Bleiben Sie danach noch einige Minuten in der Rückenlage.

»Ruhe und Kraft wünsche ich mir in Körper, Geist und Seele.«

Farbe

Vom hellsten Lila bis zum dunkelsten Violett – alle Blautöne und dunkles Blaugrün gehören zum Montag. Lila und Violett sind die Farben der inneren Wandlung, der Veränderung, der Magie. Dunkelblau ist die Farbe der Treue, aber auch des Schutzes und der Geborgenheit. Auf alten Ikonen trägt Maria, die das Kind in den Armen hält, einen blauen Mantel.

Wenn der Mond voll ist, wird er oft von einem hellblauen, silbrigen Schimmer umgeben. Diese Farbtöne stehen für Sehnsucht (Fernweh, Ausbruch aus dem warmen, geborgenen Nest), Illusion und Täuschung.

Sicher finden Sie in dieser kleinen Farbauswahl eine, die Sie gerne tragen – als Kleid, Schal oder Krawatte. Oder Sie richten sich eine Kuschelecke ein, in deren Geborgenheit Sie sich zurückziehen können, um in schönen Erinnerungen zu schwelgen und neu Kraft zu tanken.

Musik

Am Montag könnten Sie sich mit Musik, an die sich schöne Kindheitserinnerungen knüpfen, verwöhnen. Auch jede Art von träumerischer Musik, besonders wenn die Harfe oder das Klavier darin eine dominante Rolle spielt, paßt zum Montag.

Christine E. Jaccard sagt dazu: »Am Montag soll man – ›rührseligen‹ Blues hören, der die tiefsten Seelenschichten und die dunklen Seiten der Emotionen berührt. Musik in Moll (z. B. Lieder von Edith Piaf), die uns zum Weinen bringt, kann guttun: etwas wegheulen, zum Fließen bringen, schmerzliche Erinnerungen und Sorgen ›den Bach hinunter‹ lassen! Es passen auch Texte über die Geborgenheit (z. B. Nina Simone), Kuschelrock, Kinder- und Schlaflieder.«

Aus der Klassik eignen sich langsame Sätze aus Werken von Wolfgang Amadeus Mozart: *Hornkonzert KV 447, Quintett für Klavier und Bläser KV 452, Quintett KV 617.* Solche Sätze finden Sie aber auch in den Werken vieler anderer klassischer Komponisten.

Getreide – der Reis

 Der *Reis* wird dem Mond zugeordnet, da der Mond einen besonders starken Einfluß auf das Keimen und Wachsen dieser Getreideart ausübt. Reis liebt Wasser! Wichtig ist zu wissen, daß die Qualität des Bodens, aber auch die des Wassers, die Qualität des Reises weitgehend bestimmt. Darum ist dem Reis, der nach den Richtlinien des biologisch kontrollierten Anbaus gezogen wurde, unbedingt der Vorzug zu geben.

Die enge Beziehung der Reispflanze zum Wasser wirkt sich auch bei der Ernährung aus: Das Gewebewasser, die Lymphe, kommt vermehrt zum Fließen, und die Flüssigkeitsausscheidung wird angeregt. Dadurch werden viele Schlacken ausgeschieden. Somit gehen Flüssigkeitsstauungen in den Geweben zurück, Kreislaufstörungen, hoher Blutdruck und Nierenschwäche werden reduziert. Ein Reistag pro Woche ist immer ein Entschlackungstag. Auch auf die Darmflora wirkt sich die Schleimbildung, die der Reis im Darm entwickelt, günstig aus. Sie wirkt reinigend und bei Magen- und Darmreizungen heilend. Mit Reisfasten kann man problemlos das Körpergewicht reduzieren und gleichzeitig eine Totalreinigung bewirken.

Auf der seelisch-geistigen Ebene wirkt Reis entspannend und schenkt Durchhaltekraft, Gelassenheit und Geduld.

Die folgenden Reisgerichte sind schnell und einfach zuzubereiten. Sie sind ein gutes Beispiel dafür, daß die Getreideküche nicht kompliziert und aufwendig sein muß.

Rezepte

Reis-Gemüse-Eintopf

1 Tasse Reis in 2 Tassen Gemüse- oder Fleischbrühe kochen.

Währenddessen in einer Bratpfanne 2 EL Olivenöl erhitzen, kleingeschnittenes Gemüse (ein Wurzel-, ein Blatt- und ein Fruchtgemüse oder ein rotes, ein grünes und ein weißes Gemüse) darin dämpfen.

Mit 1dl Wein ablöschen und den Reis dazugeben. Alles gut durchmischen.

Dazu können Sie geriebenen Käse reichen.

Wenn es einmal ganz schnell gehen soll, braten Sie das Gemüse nicht an, sondern geben es mit einem Stück Butter einfach ungefähr 15 Minuten vor Ende der Garzeit auf den Reis. Deckel wieder drauf, und Sie haben ohne großen Aufwand einen wunderbaren Reis-Gemüse-Eintopf.

Reis-Dessert zum Abendessen

Für dieses Dessert können Sie auch Reisreste vom Vortag oder vom Mittagessen verwenden.

Mischen Sie den Reis mit der geriebenen Schale von 1 Zitrone, 1 Prise Ingwer, 1 EL Honig oder Zucker, 1 Banane, klein gehackt, Beeren oder kleingeschnittenen Früchten.

Zum Schluß ziehen Sie noch Rahm, Sauerrahm oder Quark darunter und schmecken alles ab.

So können Sie den Montag am besten nutzen und genießen

- Trinken Sie am Montag viel Wasser. Das Wasser können Sie magnetisieren, indem Sie vor dem ersten Schluck das Wasserglas mit beiden Händen halten und 3mal langsam, voller Inbrunst einen Wunsch aussprechen.
- Arbeiten Sie möglichst viel mit Wasser – der Montag ist der ideale Waschtag.
- Die Haare waschen, gründlich duschen oder sich ein Bad gönnen tut am Montag besonders gut.
- Alte Fotos einkleben und dabei in Erinnerungen schwelgen.
- Mit einer Freundin oder einem Freund aus der Schulzeit telefonieren oder ein Treffen vereinbaren.
- Briefe schreiben.
- Verbringen Sie heute einige Minuten mehr als üblich im Bett, und denken Sie etwas Schönes.
- Tragen Sie heute Silber, es ist das Metall des Mondes. Silber kühlt und unterstützt das Loslassen, das Fließenlassen.
- Machen Sie einen Spaziergang bei Mondenschein.

Begeisterung erhebt das Leben
über das Alltägliche
und verleiht ihm erst einen Sinn.
Norman Vincent Peale

Dienstag

Tag des Mars

Schon die alten nordischen Völker haben diesen Tag ihrem temperamentvollen und unternehmungslustigen Kriegsgott Tyr bzw. Ziu geweiht. Im Alemannischen und auf Schweizerdeutsch heißt der Dienstag heute noch Zischtig. Die Griechen sahen in ihm ihren Kriegsgott Ares und die Römer Mars. Er war auch der Gott der Männerbünde, der Volksversammlungen. Heute noch werden viele landwirtschaftliche Markttage am Dienstag abgehalten. Der Dienstag war auch vielerorts der Gerichtstag – Mars ist der Gott der Gerechtigkeit, als solcher fühlt er sich für das Wohlergehen der Menschen verantwortlich.

Mars verkörpert die Antriebskraft des Menschen, eine Kraft, die sich nach außen ausdrücken will und zum Handeln oder Kämpfen anspornt. Es ist die männliche Kraft, die natürlich auch in jeder Frau vorhanden ist. Diese Kraft ist neutral – der Mensch entscheidet selbst, wofür er sie einsetzt. Sie drängt zur körperlichen Bewegung, liebt ein gesundes Maß an Streß, die Herausforderung, den Wettkampf – den Kampf als solchen.

Die Marskraft ist die Kraft des Handelns. Sie will sich einbringen; sie will, daß Talente und Begabungen zum Ausdruck gebracht werden, daß der Mensch zeigt, was er kann und was er will. Jeder verfügt über besondere Fähigkeiten. Möchten wir zufrieden und ausgefüllt sein, dann sollten sie haupt- oder nebenberuflich zum

Einsatz kommen. Auch der Wille und die Begeisterung gehören zu dieser treibenden Kraft. Wichtig ist zu wissen, daß diese Kraft sich immer wieder zeigen will. Der Mensch muß ihr Raum verschaffen, ihr Aufgaben übertragen, sonst sucht sie sich selbst ihr Betätigungsfeld und das kann so weit gehen, daß sie den Menschen beherrscht und ihn zu etwas treibt, was er eigentlich gar nicht will – oder ihn zerstört.

Die Marskraft kann zum Erreichen vieler Ziele eingesetzt werden: körperlich, z. B. im Beruf, im Sport oder im Yoga; geistig spornt sie an, etwas Neues zu lernen, verhilft zu schnellen und klaren Entscheidungen und verschafft einen klaren Durchblick; seelisch schenkt sie Begeisterung, Mut, Abenteuerlust und Selbstvertrauen.

Diese männliche Kraft ist nicht magisch anziehend wie etwa die Kraft des Mondes, sondern zwingend und mitreißend. So kann sie natürlich auch überborden, dominant und diktatorisch werden. Sie kann anderen ihren Willen aufzwingen. Da diese Kraft bei den Männern in der Regel stärker ausgeprägt ist, haben sie weniger Mühe, ihren Willen kundzutun und nach ihren Bedürfnissen zu leben. Die meisten Frauen hingegen stellen oft fest, daß sie sich zu sehr anpassen oder unterordnen. Dann sollten sie die Marskraft besonders nutzen.

Im negativen Sinn ist die Marskraft verantwortlich für Kritiksucht, Ärger, Aggressionen, Jähzorn und Zerstörungswut. Sie veranlaßt uns auch zu Übertreibungen: Mut wird zu Übermut, Wagnis zu Tollkühnheit, Entschlossenheit zu Rücksichtslosigkeit und Aktivität zu rastloser Geschäftigkeit.

Mars als unseren inneren Kämpfer, als Kämpfer für Gerechtigkeit, können wir einsetzen, wenn wir die Umwelt mit ihren Anforderungen und Belastungen auf eine gesunde Distanz bringen wollen. Einem Bauern gleich, müssen wir die Grenzen unserer »Weiden« immer wieder neu setzen, kontrollieren oder, wenn nötig, ausweiten. Wir brauchen Raum zeitlich und örtlich gesehen, um uns mit all unseren Fähigkeiten und Möglichkeiten voll entfalten zu können. Schaffen wir das auf friedlichem Weg, dann ist das Kämp-

fen nicht mehr nötig, und allfällige Aggressionen werden wie
von selbst verschwinden. Aggressionen (auch bei den lieben Mitmenschen) bauen sich nur dann auf, wenn man sich im Leben nicht
nach seinem Sinn und Zweck richtet. Trotzdem müssen wir aber
ein gesundes Maß an Engagement für das Gemeinwohl beisteuern,
sonst werden wir zu egozentrischen Nutznießern. Als Gott der
Männerbünde war Mars auch immer an deren sozialem Wohlergehen interessiert und an allem, wofür sie sich einsetzten: für
Schutz und Geborgenheit der Schwächeren.

Weiter war der keltische Gott Tyr bzw. Ziu, wie auch Mars sein
Nachfolger, nicht nur ein Gott, der eine Gefolgschaft durch seine
Kriegsstrategien beherrschte und zum Gehorsam zwang, sondern
auch durch seine Beredsamkeit. Er konnte durch zündende Reden
die Menschen begeistern und für sich einnehmen. Er konnte die
Menschen mit seinen Worten und der eigenen Begeisterung fes-
seln. Das ist interessant, weil doch besonders tatkräftige Menschen
ein gewisses Charisma aufweisen, das die Mitmenschen in Bann
schlägt.

Der Dienstag kann Ihr produktivster Arbeitstag sein, der Tag, an
dem Sie an Ihre Grenzen gehen und die Herausforderung sogar
genießen. Ihnen kann bewußt werden, daß Sie Aggressionen, falls
sie in Ihnen aufsteigen, nicht unterdrücken sollten, sondern sie zuerst hinterfragen, da man nie grundlos aggressiv ist. Es gibt aber
Tage, da können aufgewühlte Gefühle, die vielleicht schon seit län-
gerer Zeit in uns brodeln, eher zum Ausbruch kommen. Da ist
Nachdenken, Analysieren und Neue-Entscheidungen-Treffen angesagt. Aggressionen können auch durch intensive Körperarbeit,
Sport oder kräftiges Ausschreiten beim Gehen abgebaut werden.
Wir müssen uns einfach bewußt sein, daß sich der innere Kämpfer
gegen uns selbst richten und in uns große Zerstörungen anrichten
kann, wenn wir einen inneren Kampf nicht im Äußeren leben.

So passen intensiver Sport und Gespräche, in denen es um Entscheidungen und Klarheit geht, wunderbar zum Dienstag. Sind Sie
sich dieser feurigen Tatkraft bewußt und setzen Sie sie gezielt ein,
dann bereichert sie Ihr Leben auf allen Ebenen.

Der positive Marseinfluß:
Stärke, Elan, Mut, Initiative, Handlungs- und Entscheidungsfreudigkeit, Kampflust, Gerechtigkeit, Entschlossenheit, Durchsetzungsvermögen, handwerkliches Geschick, Leidenschaft und Zeugungskraft, Begeisterungsfähigkeit.

Der negative Marseinfluß:
Streitsucht, Arroganz, Dominanz, Ungeduld, Ichbezogenheit, Impulsivität, Aggression, Übertreibung, Jähzorn.

In Verbindung treten
mit der kosmischen Kraft des Mars

Wer wünscht sich nicht hin und wieder mehr Kraft, mehr Lust, mehr Begeisterung, neue Ideen und Mut, für sich selbst und andere einzustehen. Wer wünscht sich nicht mehr Zeit und Gelegenheit, das zu tun, was einem liegt, was man kann und was Freude macht. Manchem fehlt einfach der Mut dazu. Solche Menschen werden dann unruhig, gereizt und unkonzentriert. Viele leiden auch an Erschöpfung. Die folgende Meditation kann dem entgegenwirken. Mars verkörpert die Kraft als solche, körperliche wie auch seelisch-geistige. Einerseits ist es eine aggressive und vorwärtsdrängende, andererseits eine zielgerichtete und zentrierte Kraft; jede wird in der folgenden Visualisierung von einer Gestalt repräsentiert. Wählen Sie die Eigenschaften aus, die Sie besonders gut brauchen können. Lassen Sie sich dabei viel Zeit. Bedenken Sie: Viel Kraft und Mut ist das eine; Geduld und ein klarer, kühler Kopf das andere. Übertreiben Sie also nicht, wenn Sie auf einmal das Gefühl haben, Sie könnten Bäume ausreißen oder unangenehme Zeitgenossen einfach über den Haufen rennen.

Sie setzen oder legen sich bequem hin und kommen mit 10 tiefen
Atemzügen in Ihr Innerstes. Stellen Sie sich vor:

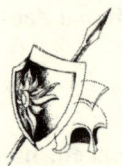 *Sie befinden sich auf einem steinigen Weg, der durch
eine Steppenlandschaft führt. Es ist ein heißer Som-
mertag. Trotzdem sieht die Umgebung recht düster
aus, denn vor kurzem war hier ein Steppenbrand aus-
gebrochen. Überall steht noch abgebranntes Gehölz,
und die rote Erde ist teilweise schwarz und voller Kohlenreste ...
Sie gehen in die Hocke, schauen sich den Boden etwas genauer an
und sehen, daß überall Keimlinge aus der Erde sprießen. Neues
Leben erwacht. Pflanzen, die lange Jahre nicht keimen konnten,
weil es zu schattig war unter den mächtigen Bäumen, nutzen jetzt
die Gelegenheit, um ans Licht zu kommen ... Sie gehen zügig auf
Ihrem Weg weiter. Vor Ihnen liegt ein Tal, das von einer riesigen
Mauer umgeben ist. Ihr Weg führt dahin und direkt auf ein eisernes
Tor zu ... Sie öffnen das Tor, durchschreiten es und befinden sich
somit im Königreich des Mars ... Sie kommen in eine Stadt. Die
Häuser sind aus rotem Backstein und von kleinen, liebevoll ge-
pflegten Gärten umgeben. In jedem Haus befindet sich auch eine
Werkstatt, und Ihnen fällt eine fröhliche Betriebsamkeit auf. Sie
schauen den arbeitenden Menschen zu und fragen sich, welche Be-
schäftigung Sie hier ausführen würden. Was würde Ihnen Spaß
machen, welchen Beitrag würden Sie an die Gemeinschaft leisten? ... Sie gehen weiter, denn Sie wollen Mars, den König dieser
Stadt besuchen. Sie gehen in seine Festung, die unübersehbar über
der Stadt thront. Der Weg dahin führt an vielen Kriegern vorbei,
die sich in der Fechtkunst üben ... Jetzt kommen Sie an Ihr Ziel:
einen imposanten Rittersaal, wo Sie dem König, einem würdigen
älteren Herrn, der auf einem eisernen Thron sitzt, gegenüberstehen. Er schaut Sie gütig, aber streng an und bittet Sie, Platz zu
nehmen. Da gesellt sich ein junger, wunderschöner, kräftiger Mann
dazu, und der König stellt ihn Ihnen als seinen Sohn vor. Sie fragen
den König, warum sich die Männer draußen im Fechten üben. Der
König antwortet: »Ich habe ein wunderschönes Land, in dem ich*

die Gerechtigkeit vertrete und für Ordnung sorge, in dem die Menschen in Frieden leben und jeder seine Talente verwirklichen kann. Meine Leute und mein Land will ich vor möglichen Eindringlingen schützen. Bewahre auch du dein inneres Land vor äußeren Angriffen ... Achte darauf, daß dein inneres Land etwas Besonderes wird. Dein Inneres gleicht einer Stadt, deine diversen Kräfte und Talente sind ihre Einwohner. Eine Stadt ist interessant und lebendig, wenn viel und verschiedenes passiert, wenn Menschen sich mit ihren Talenten einbringen können ... In dir steckt viel mehr, als du denkst ... Denk darüber nach – forsch danach ... Übe deine Talente vorerst aus, ohne einen Gewinn daraus zu ziehen, ohne ein Dankeschön zu wollen – üb sie aus, einfach weil es dir *Spaß macht. Mach damit deiner Familie und deinen Freunden einfach eine Freude ... Vielleicht verdienst du später sogar deinen Lebensunterhalt damit, vorerst soll dich das aber nicht kümmern ... Ich helfe dir dabei, indem ich dir von meiner Kraft übertrage.« Der König legt nun seine Hände auf Ihre Schultern und sagt: »Ich schenke dir die Kraft der ruhigen Entschlossenheit, der Fähigkeit zu entscheiden und zu überzeugen.«. Warm strömt die Energie aus seinen Händen in Ihre Schultern und von dort in Ihre Arme und Hände. Sie strömt in Ihr Herz und verbreitet sich von dort aus im ganzen Körper ... Nun kommt der Sohn auf Sie zu, nimmt Ihre Hände und sagt: »Ich schenke dir die Kraft der Begeisterung, Spontaneität, Tatendrang, reine Lust und eine Priese Pioniergeist. Wir werden dich schützen auf deinen Wegen – mach, was dir Spaß macht, und werde für deine Mitmenschen wie ein sprühender Funke, der überspringt und allen ein Leben voller Freude bringt – Freude an dem, was man tut – an dem, was man hat und was man ist.« Sie verabschieden sich und begeben sich in den Park der Stadt, um unter einer großen Eiche über die Begegnung mit dem König und seinem Sohn nachzudenken.*

74 *Dienstag*

Meditationen für den Dienstag

Dem Mars wird das Element Feuer zugeordnet. Die östliche Heilkunde spricht auch vom »inneren Feuer«, das im Bereich des Magens liegt. Auch die Körpertemperatur und das Temperament hängen von diesem inneren Feuer ab. Darauf weist auch die Sprache hin, wenn wir bei einem Menschen von einem »feurigen« oder »hitziges« Temperament sprechen; er/sie ist heißblütig oder kalt, ein Hitzkopf, sie ist entflammt usw. Darum spielt das Feuer in den folgenden Meditationen eine wichtige Rolle.

Fühlen Sie sich angeschlagen, antriebslos, müde, deprimiert, überlastet, verunsichert oder mutlos, können Ihnen die folgenden Meditationen wieder zu neuer Kraft, Mut, gesundem Selbstbewußtsein, Lust und Elan verhelfen.

Körperliche und seelisch-geistige Kräfte aktivieren

Je verschlackter der Körper ist, um so schwerer fühlen wir uns körperlich. Aber auch auf der seelisch-geistigen Ebene können wir mit alten Schlacken belastet sein (Groll, Schuldgefühle oder negativen Glaubenssätze, die uns früher eingeredet wurden und für uns heute noch ihre Gültigkeit haben wie »Das kannst du nicht« oder »Du bist zu dumm dafür« usw.). All diese hemmenden, veralteten Behauptungen, die zu Ausreden werden können, sollten Sie loswerden. Nur dann können Sie zu neuen Taten aufbrechen. Nur dann haben Sie den Mut, Ihren Fähigkeiten gemäß zu leben, das zu tun, wozu Sie Lust haben.

So stelle ich mir beispielsweise solche Gefühle oder Behauptungen als braune Kugeln vor und schaue genüßlich zu, wie mein Feuer sie langsam verzehrt.

Nehmen Sie Ihre Meditationshaltung ein (siehe Seite 24), oder legen Sie sich hin. Ihre Hände liegen auf der unteren Hälfte des Bauches. Stellen Sie sich vor:

In Ihrem Beckenboden brennt ein loderndes Feuer. Visualisieren Sie nun alles Hemmende und Veraltete als braune Kugel. Bei jedem Atemzug sehen Sie, wie eine Kugel wie Zunder vom Feuer vertilgt wird. Von besonders Hartnäckigem machen Sie 3, 7 oder bis zu 21 Kugeln, die Sie mit der entsprechenden Anzahl Atemzüge ins Feuer werfen ... Ihr Feuer soll vorerst alles verzehren, was in Ihnen an Verbrauchtem ist ... Lassen Sie sich dazu viel Zeit ... Einatmend lassen Sie nun die Flammen hoch und höher steigen; ausatmend lassen Sie sich von der Kraft und Wärme des Feuers neu erfüllen. Sprechen Sie nun die folgende Bejahung 3- bis 21mal:

»Mein Feuer erhitzt und stärkt jede Zelle meines Körpers, wärmt mein Herz und erhellt meinen Geist.«

Erfassen und erleben Sie die Kraft des Feuers mit jeder Faser. Bleiben Sie 5–20 Minuten sitzen, und recken und strecken Sie sich zum Schluß kräftig.

Die eigenen Grenzen abstecken

Mars, der innere Krieger, sorgt auch dafür, daß Ihre Grenzen gewahrt werden. Daß niemand in Ihr Territorium einbricht und über Sie bestimmt, übertriebene Forderungen stellt oder Sie einengt. Bestimmt möchten auch Sie, daß es Ihren Lieben gutgeht, aber nicht auf Ihre Kosten. Jeder kann nur soviel geben, wie er hat; und jeder muß hin und wieder auftanken. Viel innere Kraft schöpfen wir unter anderem aus Beschäftigungen, die Spaß machen. Dafür brauchen wir Zeit, Raum und vor allem Muße. Seit ich gelernt habe »Nein« oder »Darüber muß ich zuerst nachdenken« zu sagen,

bin ich zufriedener mit mir selbst und bin mit anderen viel um-
gänglicher geworden. Wenn man auf einmal nicht mehr ganz nach
den Wünschen und Vorstellungen anderer funktioniert, kann das
zunächst ein Chaos verursachen (da soll der Kriegsgott Mars halt
zeigen, was er kann), aber danach ist es für alle nur von Vorteil.
Nehmen Sie Ihre Meditationshaltung ein (siehe Seite 24), oder legen
Sie sich hin. Ihre Hände liegen zur Faust geballt auf den Oberschenkeln. Stellen Sie sich vor:

 *Sie sitzen vor einer Höhle, die in eine schützende Fels-
wand gehauen ist. Es ist Ihre Behausung, die Sie
gemütlich eingerichtet haben und in der Sie sich geborgen und geschützt fühlen ... Rechts und links von
Ihnen ist Brennholz aufgestapelt. Vor Ihnen brennt ein
kleines Feuer ... Sie nehmen nun ein Scheit Holz und legen es in
das Feuer, dabei sagen Sie:*

»Ich habe die Kraft und den Mut, meine Grenzen nach den
eigenen Bedürfnissen zu setzen. Meine Grenzen werden akzeptiert und respektiert.«

*Sie schauen, wie das Feuer bei jedem Holzscheit und jedem Satz
etwas größer wird ... Langsam aber stetig entwickelt es sich zu
einem mächtigen Feuer ... Auf der anderen Seite des Feuers sind
nun Menschen, denen Sie sich verpflichtet fühlen (Familienmitglie-
der, Freunde, Arbeitgeber z.B.) Dem lodernden Feuer wird nichts
und niemand zu nahe treten, denn es bildet einen natürlichen Abstand – die Umgebung wird erhellt und labt sich in der wohltuen-
den Wärme und Geborgenheit Ihres Feuers. Denken Sie noch
ein wenig über diese Weisheit nach, und beenden Sie dann Ihre
Meditation.*

Talente anerkennen und fördern

Wie oft meinen wir genau zu wissen, was wir alles nicht können. Aber welche Talente in uns schlummern, davon haben wir oft keine Ahnung. Wir nörgeln sogar an dem herum, was wir können oder gerne tun. Nichts machen wir richtig. Wenn man uns lobt, dann können wir das schwer akzeptieren und uns kaum darüber freuen. Ich kann mich noch gut daran erinnern, wie ich als Kind einmal erstaunt feststellte, wie in einer andern Familie Eltern ihre Kinder lobten – und ich fand das merkwürdig. In unserer Familie hieß es: »Lob bringt Hochmut.« Das war fast so schlecht wie der Spruch über die Faulheit, »die auf direktem Weg ins Verderben führt«. Es dauerte lange, bis ich selbst meine Talente und Fähigkeiten anerkennen konnte. Als es soweit war, wurde in meinem Leben alles besser. Heute ist mein Hobby mein Beruf, von dessen Einnahmen ich mir ein bequemes Leben leisten kann; und ich entdecke immer noch mehr Fähigkeiten und Talente, von denen ich früher nicht einmal zu träumen wagte.

Mit der folgenden Meditation können auch Sie Ihre Fähigkeiten entdecken. Vorerst machen Sie eine Bestandsaufnahme. Auf Ihrem Inventar können Sie dann aufbauen. Mars ist nicht nur ein Gott der Fruchtbarkeit – er ist auch ein Gott der Kreativität und Schaffenskraft. Darum soll er Ihnen nun auch helfen, Talente zu entdecken, und Ihnen den Mut geben, diese erfolgreich auszuüben. Sinnvolles und freudvolles Tun heißt für jeden Menschen etwas anderes, beim einen ist es die Gartenarbeit, das Organisieren von Festen, Kochen und Backen, Pflege-, Beratungs- oder Lehrtätigkeiten, Umgang mit Kindern, Tieren oder Pflanzen und natürlich die vielen Hobbys und kreativen Tätigkeiten. Ich liebe den Kontakt mit Menschen, die etwas mit Begeisterung tun. Das Universum hat uns alle mit verschiedenen Talenten ausgerüstet, damit aus unser Gesellschaft ein farbiges Mosaik, ein ganz spezielles Bild entsteht.

Nehmen Sie Ihre Meditationshaltung ein (siehe Seite 24), oder legen Sie sich hin. Ihre Hände liegen wie offene Blumen locker auf den Oberschenkeln. Stellen Sie sich vor:

 *Sie sitzen auf einem hohen Berggipfel. Der Tag ist noch jung, denn die Sonne ist gerade aufgegangen. Sie sitzen weit über der Baumgrenze und beobachten, wie die vielen Gipfel rund um Sie in allen roten Farbtönen erglühen … Während Sie an eines Ihrer Talente denken, wird gleichzeitig auf einem der Gipfel wie von Geisterhand ein Feuer entfacht. Anerkennen Sie nun Ihr Talent, und danken Sie dem kosmischen Bewußtsein dafür. Denken Sie noch eine Weile darüber nach, wie Sie es vermehrt einsetzen wollen und zur Meisterschaft entwickeln können … Denken Sie nun an eine andere Fähigkeit, die Sie besitzen … Auf einem anderen Gipfel entflammt ein neues Feuer … Sie loben und danken wieder und denken noch eine Weile darüber nach … Machen Sie nach Belieben so weiter … Nun sinnen Sie darüber nach, warum Sie diese Gaben haben und ob es nicht doch der heilige Wille der Höheren Mächte ist, den wir bei der Ausübung unserer geschenkten Talente erfüllen … All Ihre Gipfelfeuer betrachten Sie als eine Opfergabe an das Höchste. Jede Tätigkeit soll in Zukunft ein Lob und ein Dank an das Höchste sein … Bitten Sie nun diese Höhere Macht, die Ihnen diese Talente schenkte, um Beistand, damit Sie darin immer besser und besser werden. Sie bleiben nun noch einige Minuten sitzen oder liegen und horchen nach innen. Vielleicht hören oder fühlen Sie etwas Neues in bezug auf den Sinn und Zweck Ihrer Begabungen – und Ihrer Lebensaufgabe …*

Wenn Sie zufrieden und glücklich sind in Ihrem Beruf und mit Ihren Hobbys, beenden Sie nun Ihre Meditation. Wenn Sie nach neuen Fähigkeiten und Tätigkeiten Ausschau halten, dann machen Sie wie folgt weiter:

 *Sie sitzen immer noch auf dem Berggipfel und schauen über die Berge, die Zeugen der Höheren Macht. Bitten Sie diese nun voller Inbrunst, indem Sie einen der Berge mit Ihrem Blick fixieren, um neue Erkenntnisse und um innere Klarheit mit den Worten:*

»Das Göttliche zeigt mir, was ich kann und wie ich meinen Lebenssinn erfüllen kann.«

Dabei entzündet sich auf dessen Gipfel ein rotes Licht. Bleiben Sie einige Sekunden in der Stille … Sie visieren einen weiteren Berg und sprechen wieder die Worte: »Das Göttliche …« Lassen Sie vor sich ein rotes Lichtermeer entstehen … Bleiben Sie danach noch einige Minuten in der Stille, und spüren Sie nach innen.

Vielleicht erhalten Sie neue Ideen, wenn nicht, achten Sie sehr genau darauf, was tagsüber auf Sie zukommt, etwas, das auf ein Talent, das in Ihnen brachliegt, aufmerksam macht. Danach müssen Sie nur noch dementsprechend handeln. Seien Sie sich jedoch bewußt, daß ein Talent nur durch viel Übung voll entwickelt werden kann. Freude am Tun ist das eine, eiserne Disziplin, viel Arbeit und Geduld das andere. Aber es lohnt sich!

Mudra – um Tatkraft aufzubauen

Da ich früher unter Asthma litt, weiß ich aus eigener Erfahrung, wie maßgebend die Atmung für unsere Vitalität ist. Mit diesem Mudra-Zyklus, dem Mushti-Mudra-Zyklus, können Sie die Atemkapazität merklich verbessern und somit Kraft auf der körperlichen wie auch seelisch-geistigen Ebene aufbauen. Es ist so einfach: Je stärker Sie sich fühlen, um so leichter können Sie mit den Herausforderungen des Lebens umgehen.

Nehmen Sie den Meditationssitz ein, setzen sich auf einen Stuhl, oder stellen Sie sich geerdet hin (siehe Seite 24). Sie bilden mit jeder Hand eine Faust, legen diese und die Daumenkuppen aneinander und halten sie vor den Bauch. Sie atmen ein und führen dabei die Fäuste einige Zentimeter vor dem Körper auf Magen-, Brustbein-, Hals- und Stirnhöhe. Sie halten dann den Atem einige Sekunden an. Während Sie ausatmen, führen Sie die Hände wieder zum Bauch. 3–7mal wiederholen.

Nun halten Sie die Fäuste vor das Brustbein und atmen aus. Während Sie wieder einatmen, strecken Sie die Arme nach vorn und halten einige Sekunden den Atem an. Während Sie ausatmen, ballen Sie die Hände wieder zu Fäusten und führen sie wieder zur Brust. Statt nach vorn können Sie nun die Hände zur Seite, nach oben, nach unten – nach allen Seiten strecken und kommen immer wieder zur Brust zurück. Damit aktivieren Sie die Atmung in verschiedenen Bereichen der Lunge. 12mal wiederholen.

Halten Sie danach die Hände vor die Brust. Ihre Finger bilden nun die Mudra des unerschütterlichen Vertrauens (Vajrapradama-Mudra). Sie erklären damit die kosmische Kraft, dessen Kind auch der Mars ist, zu Ihrem Partner in allen persönlichen und geschäftlichen Belangen. Sagen Sie dabei 3mal langsam und inbrünstig:

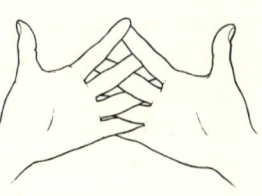

>*Ich bin in persönlichen wie in geschäftlichen Angelegenheiten in liebender Partnerschaft mit der Macht und Kraft des Universums. Die Universelle Kraft und Macht, ihre Weisheit und Wohlwollen stehen mir jederzeit und allerorts zur Verfügung.*«

Bleiben Sie nun noch eine Weile in der Stille sitzen, und halten Sie beide Hände wie zwei Schalen im Schoß. Es ist die Haltung, in der man sich für den Willen der kosmischen Kraft bereithält. *Dabei sind Sie sich bewußt, daß es der Wille der kosmischen Kraft ist, daß es Ihnen gutgeht. Sie ist bereit, Ihnen jederzeit mit Rat und Tat beizustehen, damit Sie Sinn und Zweck Ihrer Lebensaufgabe erfüllen können. Sie geben Ihr Bestes – und das »Plus« wird Ihnen geschenkt.*

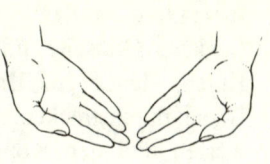

Übungsreihe zur Kräftigung der Muskulatur

Dem Mars werden die Muskeln, das Blut und die Körpertemperatur zugeordnet. Die folgende Übungsreihe stärkt die Muskulatur des Rückens, der Vorderseite, der Beine und Arme. Ein guter Schuß Marsenergie hat auch eine reinigende Wirkung, weil sie Hitze erzeugt und damit das gesamte Immunsystem aktiviert.

1. HOLZ HACKEN

Einatmen; Sie werfen die Arme mit Schwung nach oben, ohne den unteren Rücken nach hinten zu beugen. Ausatmen; Sie beugen sich nach vorn und atmen durch den Mund mit einem kräftigen »HA« aus. 6–12mal wiederholen.
   »Alles Schwere, Hemmende und Belastende werfe ich ab.«

2. KRANKHEITEN NACH HINTEN WERFEN

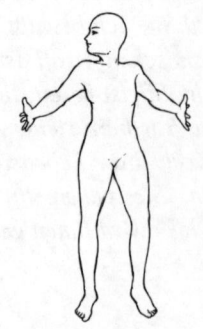

Lockere Grätsche mit leicht gebeugten Knien, Hände ans Brustbein. Einatmen; Beine durchstrecken, Arme nach hinten werfen und den Kopf zur Seite drehen (über die Schulter schauen). Ausatmen; Kopf zur Mitte drehen, Hände zur Brust führen und Knie wieder etwas beugen. 6–12mal wiederholen, den Kopf jedes Mal zur anderen Seite drehen.
   »Alles Schwächende und Krankmachende in Geist, Gemüt und Körper werfe ich nach hinten.«

3. HELD

Weite Grätsche, Oberkörper zur rechten Seite drehen, das rechte Knie beugen, die rechte Hand an das Kreuzbein legen, den linken Arm nach oben dehnen, das linke Bein durchstrecken und den oberen Rücken etwas zurückbeugen. 10 Atemzüge die Stellung halten, sich danach vorbeugen und den Oberkörper 10 Sekunden lang entspannt auf den rechten Oberschenkel ablegen. Danach die andere Seite üben.

»Ich stehe jederzeit und überall für mich selbst ein.«

4. BALANCE-STAND

10 Atemzüge die Stellung halten, Bein und Armstellung wechseln und nochmals ...

»Ich halte die Balance zwischen nötigen Verpflichtungen und lustvollem Tun.«

5. TISCH

Einatmen; das Gesäß heben – ausatmen; das Gesäß wieder auf den Boden stellen, circa 6mal.

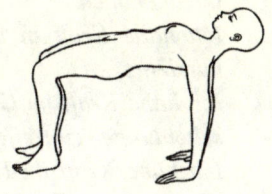

»Ich spüre und genieße die Kraft, die in mir steckt.«

6. BRÜCKE

Die Stellung so lange wie möglich halten, den Rücken sorgfältig auf den Boden ablegen und danach die gebeugten Knie zur Brust ziehen und locker umarmen, circa 15 Atemzüge.

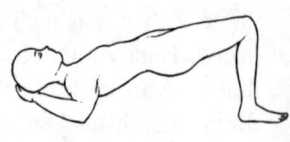

»Jeder Atemzug schenkt mir Macht und Kraft, um Durchbruch und Brücke für das Gute zu sein.«

7. ZANGE VERTIKAL

Auf dem Rücken liegend: Die Füße sind aufgestellt und die Hände liegen auf den Rippen. Ausatmen; Kopf und Oberkörper anheben, Beine nach oben strecken und mit den Händen über die Außenseiten der Beine zu den Füßen streichen. Einige Sekunden so bleiben. Ausatmen und dabei Kopf, Oberkörper, Beine und Arme wieder senkten. 6mal wiederholen.

»Ich bin mir meiner Stärke im Körper, im Geist und in der Seele bewußt.«

Bleiben Sie danach noch einige Minuten in der Rückenlage.

»Ich habe Kraft in den Beinen, um weiterzukommen.

Ich habe Kraft in den Armen, um zu handeln.

Ich habe Kraft im Geist, um klare Entscheidungen zu treffen.

Ich habe Kraft im Herzen, um beherzt den Sinn und Zweck meines Lebens zu erfüllen.«

Farbe

Alle Rottöne, besonders die knalligen und helleren, werden dem Mars zugeordnet. Rot ist die Farbe des Feuers und steht für Motivation, Stimulation, Aktivität und Willen. Sie wird mit Wärme und Erregung, mit Initiative und der Bereitschaft zu Handeln assoziiert und verkörpert den Pioniergeist, der uns beflügelt. Rot steht allgemein für physische Stärke, Beharrlichkeit, Antriebskraft, Freundlichkeit und Großzügigkeit. Rot ist eine Farbe mit extrovertiertem Charakter. Sie belebt den Organismus, regt die Adrenalinausschüttung an, unterstützt den Blutkreislauf und die Bildung von Hämoglobin, das zur Produktion roter Blutkörperchen benötigt wird. Rot kann auch den Blutdruck erhöhen und im Körper Hitze erzeugen. Auf der psychischen Ebene wirkt sich Rot positiv auf Trägheit, Melancholie, Traurigkeit, Depression und Lethargie aus.

Diese Farbe ist also besonders hilfreich bei Erschöpfungszuständen, sollte aber bei Ruhelosigkeit und Aggressionen gemieden werden. Rot kann bei den ersten Anzeichen von Erkältungen wie ein Widerstandstonikum eingesetzt werden. Rote Unterwäsche, ein roter Schal, rote Handschuhe oder Socken können dem Körper zusätzliche Energie zur Aktivierung des Immunsystems geben. Rot weckt sämtliche Lebensgeister.

Vielleicht brauchen Sie aber eher eine Farbe, die Sie abkühlt, beruhigt und entspannt, dann setzen Sie die Komplementärfarbe Türkis ein.

Musik

Viele Richtungen des Jazz, Marschmusik und Rock gehören zum Dienstag.

Besonders wenn die Trompete den Ton angibt, ob dies nun bei moderner oder bei klassischer Musik ist, drückt sich die Marsenergie aus. Ein wahres Feuerwerk ist auch *Bolero* von Maurice Ravel oder die *Sonate für das Hammerklavier Nr.* 29 von Ludwig van Beethoven. Auch das Schlagzeug, das die Rock- und Technomusik mit einem kräftigen, oft sogar wilden Rhythmus untermalt, paßt zum Dienstag. Ethno- und afrikanische Trommelmusik – besonders beliebt in Männergruppen – entspricht dem Mars. Trommeln und stampfen tut auch uns Europäern gut. Wann haben Sie das letzte Mal richtig wild getanzt, so daß alle Fetzen flogen? Damit können Sie im richtigen Maß Anspannungen und Aggressionen abbauen – wird das Zeitmaß, das sehr individuell ist, überschritten, kann diese Musik allerdings auch das Gegenteil bewirken.

Getreide – die Gerste

 Die Gerste, das älteste Getreide der Menschheit, ist das Getreide des Dienstags. Besonders beliebt war diese Kraftnahrung bei den Ringkämpfern im alten Rom, den Hordeari (*hordeum*: Gerste). Sie verlieh ihnen nicht nur Kraft, sondern auch Schnelligkeit im Denken und Handeln. Tatsächlich bietet die als Cholesterinsenker bekannte Gerste von allen Getreidesorten am meisten Vitamine und Mineralien, vor allem aber die wertvolle Kieselsäure. Diese wirkt vorbeugend gegen Haltungsschäden und Bandscheibenverschleiß, tut aber ganz besonders den Haaren, der Haut, den Sinnesorganen und dem Bindegewebe gut.

Pflanzen wie die Gerste, die beim Kochen Schleim bilden, geben ihr ganzes Wesen in diesen Schleim hinein. So nehmen Sie mit der Mahlzeit die Kraft und Stärke der Gerste auf und wirken seelischen Verstimmungen entgegen, die Sinne werden wacher, und die Konzentration verbessert sich. Grundsätzlich stellt dieses altbewährte Hausmittel ein Gleichgewicht zwischen Körper und Seele her, wodurch wir harmonischer leben können.

Das folgende Rezept ist eine Spezialität der Schweizer Berge. Die Einwohner dieser Regionen gelten als »zäh im Nehmen« – wie man so sagt. Aber nicht nur in den Bergen, auch bei den Vorgesetzten der Großstadtbüros sind diese Menschen sehr beliebt: Sie sind schnell und tüchtig, Überstunden packen sie leicht und in den Abendkursen sind sie die eifrigsten.

Rezept

Bündner Gerstensuppe
Am Abend vor dem Verzehr 1 Tasse Gerste waschen und mit 4 Tassen Wasser und 1 Tasse Trockenbohnen einweichen. Am nächsten Tag 45 Minuten leicht köcheln.
1 ganze Zwiebel und 2 Knoblauchzehen beigeben.
30 Minuten weiterköcheln lassen.
Kleingeschnittenes Gemüse (Karotte, Sellerie, Kohl) zugeben.
Mit Salz und Gemüse- oder Fleischbrühe würzen.
15 Minuten weiterköcheln lassen.
Etwas Butter und Rahm dazugeben und servieren.

Wer Fleisch mag, kann noch ein Stück Geräuchertes mitkochen. Meine Freundin teilt diese Suppe in entsprechende Portionen ein und friert sie ein. Älteren Menschen in der Nachbarschaft bringt sie statt Kuchen diese Suppe mit, die wegen ihres Nährwerts sehr geschätzt wird.

So können Sie den Dienstag
am besten nutzen und genießen

- Dienstag ist der Powertag, der Sporttag, der günstigste Tag für sportliche Wettkämpfe.
- Er eignet sich auch für Gemeinschaftsprojekte. Am Donnerstag wird geplant - am Dienstag wird es ausgeführt.
- Der Dienstag bewährt sich als »Herrenabend«.
- Beschäftigungen, die handwerkliches Geschick erfordern, können besonders gut erledigt werden.
- Müssen Überstunden eingeplant werden oder andere zusätzliche Arbeiten, dann ist der Dienstag dafür der geeignete Tag.
- Auch für Kurse, in denen man etwas Praktisches wie z. B. ein Kunsthandwerk erlernt, ist der Tag des Mars ideal.
- Tragen Sie einen Hämatit. Dieser Stein, Blutstein genannt, enthält viel Eisen und gibt innere Hitze.
- Heute können Sie eine rote Kerze anzünden. Betrachten Sie die Flamme, und äußern Sie dabei einen Wunsch in bezug auf den Erfolg Ihrer Tätigkeit.

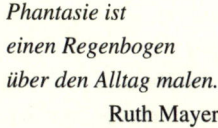

*Phantasie ist
einen Regenbogen
über den Alltag malen.*

Ruth Mayer

Mittwoch

Tag des Merkurs

Die Germanen weihten den Mittwoch Odin oder Wotan, ihrem höchsten Gott. Leider ließ sein Charakter zu wünschen übrig. Er war ebenso launisch wie mächtig, ebenso verräterisch wie großzügig; er wurde geachtet und verehrt, aber auch gefürchtet, denn auf ihn war kein Verlaß. Sein Wesen war bestimmt durch Wanderschaft, Unruhe, Wandel, zerstörerische und schöpferische Grenzüberschreitung. Ihm unterstanden die Kriegsstrategie, die Zauber- und Dichtkunst, der Handel und die Reisenden.

Auch bei Merkur, der Odin später ablöste, finden wir diese Charakterzüge. Ihm wird der Verstand zugeordnet: strukturierendes Nachdenken, erkennendes Unterscheiden, vergleichendes Beobachten, sammeln und ordnen von Eindrücken und erfassen des Wesentlichen. Als innerer Ökonom findet er schnell heraus, wie mit kleinstem Aufwand der größte Effekt erzielt wird. Ihm wird auch die Sprache zugeordnet. Er gibt den Dingen die Namen, erkennt und benennt. Er symbolisiert eine wunderbare Kraft – die Kraft des Denken.

In der griechischen Mythologie entspricht Merkur Hermes, der als junger Athlet mit geflügelten Sandalen dargestellt wird. Er war der Überbringer von Botschaften, welche die Götter untereinander austauschten. Hermes bzw. Merkur verkörpert die Fähigkeit der Kommunikation. Er ermöglicht die Beziehungen unter den Menschen, die Beziehung zwischen Mensch und Umwelt und die des Menschen zu sich selbst, wie z. B. die Kommunikation zwischen Gefühl und Verstand, zwischen inneren Kräfte und schließlich zu den kosmischen Kräften. Die Qualität all dieser Beziehungen und Verbindungen bestimmt weitgehend, wie erfüllt und glücklich wir sind. Kennen Sie einen Menschen, der nur seine Sonnenseite liebt, der seine Familie und Freunde ausnutzt, der nur das glaubt, was er sieht, und bei all dem glücklich ist?

Es ist auch kein Zufall, daß Merkur bzw. Hermes als Jüngling dargestellt wird. Viele Charakterzüge der Jugendlichen, die sich mit den Jahren umwandeln, finden wir auch in diesem Archetyp: ein gewisses Maß an Sorglosigkeit, Gleichgültigkeit, Ruhelosigkeit, Oberflächlichkeit, Ichbezogenheit und die Lust auf Schabernack. Sehr oft sieht Merkur auch nicht die Konsequenzen, die sich aus seinem Handeln ergeben. In ausgeprägter Form finden wir dieses typische negative Merkurgehabe aber auch bei manchen Naturwissenschaftlern (z. B. in der Gentechnologie) und bei Experten der Wirtschaft und Politik – Berufssparten, die überwiegend vom Verstand regiert werden.

Merkur zeichnet sich auch durch seine Ruhelosigkeit aus. Er ist rastlos, jagt Neuem nach oder verzettelt sich. Er kann allerdings auch zur Ruhe gebracht oder sogar erzogen werden. Dann kehrt er seine besten Seiten heraus, brilliert mit seiner klaren Logik, seinem scharfen Verstand und seinem Ordnungssinn. Die Inspiration, wenn Merkur mit den kosmischen Kräften kommuniziert, ist uns im Alltäglichen wie auch im Außerordentlichen von allergrößtem Nutzen. Solche Geistesblitze gehören zum Kostbarsten; sie sind die Melodie und Farbe in unserem Leben.

Wie Nachdenken zu höchsten Erkenntnissen führen kann, so kann es in negatives Grübeln ausarten und tiefste Depressionen auslösen. Endloses Wälzen und Zerlegen von Problemen, ohne nach einer Lösung zu suchen, läßt den Menschen nur noch tiefer in Verstrickungen und Hoffnungslosigkeit fallen. Auch die Kritiksucht, der heute leider viele verfallen sind, hemmt den inneren Wachstumsprozeß, weil man damit sich selbst und andere blockiert (man getraut sich nicht mehr, Entscheidungen zu treffen, nach Lösungen zu suchen oder Neues zu wagen). Teilwahrheiten, Intrigen, verbunden mit Klatsch, verursachen viel Leid. Voreilige negative Bewertungen (»Das ist ein Blödmann!«) untergraben die Würde eines Menschen.

All diese negativen Auswirkungen haben ihren Ursprung in »falschem«, einseitigem Denken. Nur die linke Gehirnhälfte ist im Spiel. Dieses Denken ist analytisch, gefühllos und dadurch auch oberflächlich, kalt und berechnend, wenn das Herz nicht einbezogen wird. Denkstrukturen sind Gewohnheiten, die wir jedoch wie jede andere Gewohnheit verändern können. Die Meditationen des Mittwochs helfen Ihnen dabei.

Machen Sie sich bewußt, daß Ihre Gesundheit, Ihre Stimmungen, Ihr Glück – Ihr ganzes Leben! – von Ihrem Denken abhängen. So wie Sie denken, gestaltet sich Ihr Schicksal. Darum kann ich Ihnen die Meditationen des Mittwochs nicht genug ans Herz leben.

Die Merkurenergie will sich auf jeden Fall in unserem Leben zum Ausdruck bringen, deshalb sollten wir sie auch sinnvoll einsetzen. Da nicht jeder in einem Beruf arbeiten kann, in dem analytisches bzw. logisches Denken erforderlich ist, können Sie diese Fähigkeit aber auch in Ihrer Freizeit fördern. Besorgen Sie sich Bücher oder Zeitschriften, die Sie zu neuen Erkenntnissen führen, sorgen Sie für geistige Auseinandersetzung. Auch das Lösen kniffliger Rätsel, Schachspielen oder das Erlernen einer Fremdspache bringen den inneren Merkur auf Trab.

Da Merkur zum Sternzeichen Zwillinge gehört, zeichnet er sich durch Doppeldeutigkeit aus. So kann der Mittwoch der beste Tag sein, um zwischenmenschliche Beziehungen zu pflegen, Freunde zu treffen usw. Er kann aber auch der ungeeignetste Tag dafür sein, da man am Mittwoch leicht das Falsche sagt, ins Fettnäpfchen tritt, falsch reagiert oder ins Tratschen kommt.

Was bedeutet das nun für die Gestaltung des Mittwochs? Wie es der Name zeigt, befinden wir uns in der Mitte der Woche. Wir können dabei auf dem Gipfel stehen oder im tiefsten Tal sitzen, wir können himmelhoch jauchzen oder zu Tode betrübt sein. Nutzen wir doch die restlichen Tage, um wieder in der Mitte anzukommen, wo der Weg am angenehmsten ist. Am Mittwoch bin ich selbst oft ausgesprochen schlapp, meine Gedanken drehen sich im Kreis, oder ich bin nervös, ruhelos und pingelig. So vermeide ich mittwochs wichtige Besprechungen, setze mich nicht unnötig Kritik aus und kritisiere auch andere nicht. Gerne lege ich eine Patience, was mich beruhigt und zentriert, oder lese ein Buch, das mich zum Mit- und Nachdenken anregt. Um meine Mitte wiederzufinden hilft nur eines: eine Meditation, daheim in meinem Stübchen oder auf einem Spaziergang durch den naheliegenden Wald. Auch Sie werden von Woche zu Woche immer besser herausfinden, was am Mittwoch für Sie am besten ist.

Der positive Merkureinfluß:
Verstand, Kommunikation, Sprache, Ordnungssinn, Ökonomie, Inspiration, Unterscheidungsvermögen, Analyse, Intelligenz, Organisation, Flexibilität.

Der negative Merkureinfluß:
Ruhelosigkeit, Oberflächlichkeit, »Im-Kreis-Denken«, Kritiksucht, Pingeligkeit, Zerstreutheit, Unentschlossenheit, Bauernschläue, Betrug, Verantwortungslosigkeit und übertriebene Neugierde.

In Verbindung treten
mit der kosmischen Kraft des Merkurs

Merkur ist ein ewig Reisender und dabei schnell wie der Wind (wie unsere Gedanken). Bei den alten Völker war er auch der Beschützer und geistige Begleiter der Reisenden. Welchen Sinn und Zweck haben Reisen? Es geht darum, von Bekanntem oder Belastendem Abstand zu nehmen, Besuche zu machen oder den eigenen Horizont zu erweitern, neue Erkenntnisse zu gewinnen und neue Erfahrungen zu machen. Wie weit eine Reise geht, ist nicht so wichtig, sondern wie groß die innere Bereitschaft ist, uns von Vertrautem zu lösen und neue Welten zu entdecken. Wie wirkungsvoll die folgende Visulisierung ist, hängt also allein von Ihnen ab.

Sie setzen oder legen sich bequem hin und kommen mit 10 tiefen Atemzügen in Ihr Innerstes. Stellen Sie sich vor:

Sie stehen vor Ihrem Haus auf der Straße. In schnellem Tempo kommt eine Kutsche auf Sie zu, gezogen von vier geflügelten Pferden und gelenkt von einem jungen, verwegen aussehenden Wagenlenker. Sie springen auf den Wagen, er fährt sofort weiter, hebt schon bald vom Boden ab und fliegt mit Ihnen über Ihr Haus ... Ihren Wohnort ... Ihr Land ... und so, wie die Häuser kleiner und kleiner werden, werden auch all Ihre Verpflichtungen und Belastungen kleiner und kleiner ... Im Augenblick ist alles gar nicht mehr so wichtig ... Ihnen wird herrlich leicht ums Herz ... Sie wollen nur noch diese innere Leichtigkeit und Freiheit kosten und genießen ... Ihr Fahrzeug verwandelt sich nun in ein fliegendes Schiff, es gleitet langsam durch Nebelschwaden, bald unter oder über den Wolken – weit in den Himmel hinein ... Merkur, Ihr Begleiter, spricht: »Schau all diese verschiedenartigen Wolken, sie stellen deine Gedanken dar. Die weißen, rosaroten, lilafarbenen, sie sehen aus wie unschuldige Lämmchen und gaukeln dir eine rosarote Welt vor; die dunklen Wolken sind deine trüben Grübeleien und deine nutzlosen Sorgen; die mit Blitz und Donner geladenen sind deine Aggressionen. Wenn aber die Luft ruhig, rein und klar ist, dann siehst du die Sonne, ein Symbol der höchsten universellen Kraft, die immer für dich scheint, die dein Leben überhaupt erst ermöglicht, dir den Weg zeigt, dein Herz wärmt, deinen Geist erhellt und dich in Licht und Leichtigkeit hüllt. Also vermeide möglichst die Bildung von Wolken, und wenn es nicht anders geht, versuch, darüberzustehen. Werde wieder ruhig, und bemühe dich wieder um Klarheit. Hin und wieder kann ein Gewitter aber auch reinigend wirken – nicht nur in der Natur, auch in dir; und wie jede Art

von Wolken zum Himmel gehört, so gehören auch die hellen wie
die dunkeln Gedanken zum Menschen. Ewiger Sonnenschein wäre
ja auch langweilig, und Regen ist manchmal auch notwendig. Das
richtige Maß ist hier, wie in allen Dingen, entscheidend ... Schau
nun auf die Erde, und sieh, wie die Menschen leben. Wie die einen
sich hetzen und stressen, wie die andern sich langweilen und die
kostbare Zeit totschlagen. Viele leben ohne Ziel, ohne Plan, ohne
Ordnung ... Nun siehst du dich selbst ... Wie sieht dein Leben aus
der Distanz aus? ... Sei ganz ruhig, und laß dir viel Zeit bei dei-
nen Überlegungen ... Möchtest du so weiterleben oder etwas ver-
ändern? ... Ich bin die Kraft der Gedanken! Ich bin die Kraft in dir,
die all das bewirken kann, was ein harmonisches, erfülltes und
glückliches Leben ausmacht! Reich mir deine Hände! Sei offen!
Ich schenke dir die Energie für einen klaren Verstand, Inspiration,
Flexibilität, Ordnungssinn, Unterscheidungsvermögen, die Fähig-
keit, zu verhandeln und zu organisieren.« Nehmen Sie sein Geschenk
an, lassen Sie sich von seiner Energie erfüllen ... Lassen Sie seine
Worte noch eine Weile auf sich wirken ... Wie können Sie Ihre
Kreativität oder Ihr Organisationstalent besser zum Ausdruck
bringen? ... Wie bringen Sie eine neue Ordnung in Ihr Leben? ...
Merkur bringt Sie zurück auf die Erde. Vor Ihrem Haus verab-
schieden Sie sich mit einem großen Dankeschön von ihm.

Meditationen für den Mittwoch

Dem Mittwoch werden das Element Luft und das Denken zugeordnet. Schnell und nicht faßbar wie der Wind sind auch unsere Gedanken. Trotzdem bestimmen Sie über unsere Gesundheit, unsere
Stimmungen, unser Schicksal, unser Leben.

Jede Meditation beeinflußt unsere Denkstrukturen. Wir können
während der Meditation unsere Gedanken beobachten, analysieren,
ruhigstellen und dadurch unsere Denkgewohnheiten willentlich
verändern, d. h., neue positive Denkstrukturen schaffen.

Jede Meditation hat auch das Ziel, die Gehirnhälften zu synchronisieren. Sind beide aktiv, dann denken *und* fühlen wir – wir denken ganzheitlich, sind kreativ und nehmen viel mehr wahr. Denken wir ganzheitlich, dann hebt das unsere Stimmung. Wir sind ruhig, ausgeglichen, zufrieden und sehen klar. Wir können unsere Gedanken und damit auch unsere Probleme ordnen, können uns klar entscheiden und neue Lösungen suchen. Wir sehen auch unsere Umgebung mit anderen Augen, d. h., wir betrachten nicht nur die Oberfläche, sondern blicken auch in die Tiefe einer Sache bzw. eines Menschen.

Die Gehirnhälften aktivieren

Wenn Sie zu Beginn der Meditation den PC-Muskel (zwischen Scham- und Steißbein) anspannen, wird das Gehirn energetisch aufgeladen. So schenkt Ihnen diese Meditation geistige Frische und Klarheit, die Fähigkeit der Konzentration und innere Ruhe.

Die folgende Meditation können Sie auch am Arbeitsplatz machen, z. B. im Büro, wenn es mit der Konzentration nicht mehr klappt. Die Wirkung können Sie verstärken, wenn Sie vorher ein Glas Wasser trinken und das Fenster öffnen.

Sie sitzen stabil und aufrecht. Ihre Daumen drücken Sie an das Brustbein, die beiden Handteller berühren sich.

Einatmend spannen Sie den PC-Muskel an, d. h., Sie spannen die Muskulatur rund um den Damm an, indem Sie den After- und Blasenschließmuskel gleichzeitig anspannen, so als wollten Sie Kot und Urin zurückhalten. Danach ziehen Sie die Bauchdecke ein und das Kinn an. Sie halten die Spannung ungefähr 10 Sekunden an und lassen während der Ausatmung jede Spannung langsam wieder los. Circa 12mal. – Danach beobachten Sie den Atem und machen sich dabei die 4 Phasen bewußt: Einatmung

*– Pause – Ausatmung – Pause … Verlängern Sie nun die beiden
Pausen etwas … Sie bleiben dabei ganz gelassen und lenken Ihre
Gedanken, wenn nötig, immer wieder auf den Atem. Beenden Sie
die Sitzung nach 5–20 Minuten, indem Sie sich herzhaft recken und
strecken.*

Die Wahrnehmung neu organisieren

Es hängt weitgehend von unserer Wahrnehmung ab, wie wir denken, und umgekehrt: das Denken prägt unsere Wahrnehmung. Das,
woran wir denken, was uns innerlich beschäftigt, lenkt unsere Aufmerksamkeit nach außen. So erzählte mir letzthin eine Freundin,
daß sie viel mehr Schwangere sieht, seit sie selbst schwanger ist.
*Alles, was wir durch unsere Sinne wahrnehmen, aufnehmen, ist
Nahrung für Geist und Seele.* Deshalb sollten Sie stets darauf achten, was und wie Sie etwas aufnehmen – denn alles, was Sie sehen,
hören, spüren, riechen, fühlen, kann Sie aufbauen oder nieder-
drücken. Obwohl ich schon seit Jahren darauf achte, muß ich immer wieder aufmerksam sein, damit ich meine positive Sicht bei-
behalten kann. Die folgende Meditation hilft mir dabei.

Diese Meditation können Sie auch in der freien Natur machen,
bei einem Spaziergang z. B. oder einer Wanderung – dann natürlich
mit offenen Augen. Merkur war auch der Gott der Reisenden, der
Wanderer. Und rhythmisches Gehen regeneriert und aktiviert auch
das Gehirn auf wunderbare Weise. Deswegen hat man oft während
oder nach intensivem Gehen – 15 Minuten können genügen – die
besten Ideen. Manchmal hat man aber auch nicht die Möglichkeit
oder Lust rauszugehen, dann hat die Meditation im stillen Käm-
merlein die gleiche Wirkung. Sie ist schlichtweg phantastisch: Alle
Körperfunktionen werden aktiviert, Ihre Stimmung wird angeho-
ben, und neue Ideen, Lösungen und Zuversicht stellen sich ein.

Nehmen Sie Ihre Meditationshaltung ein (siehe Seite 24), oder legen Sie sich hin. Ihre Hände liegen wie offene Blüten locker auf den Oberschenkeln. Stellen Sie sich vor:

 *Sie stehen in einem Mischwald und sehen sich um, wie der Wald jetzt aussieht ... (Im Frühling lassen Sie das frische Gelbgrün auf sich wirken, im Sommer die verschiedenen Grünnuancen, im Herbst das warme Rot, Orange oder Gelb der Blätter und im Winter die gigantischen Silhouetten der nackten Bäume.) ... Nehmen Sie die Farben und Formen wahr, trinken Sie sie ... Gerade hatte es noch geregnet, und jetzt scheint die Sonne. Die Farbkleider der Bäume leuchten bzw. die Stämme und Äste der Bäume glänzen im Licht der Sonne; sie sind wie verzaubert ... Sie gehen nun auf Ihrem Weg weiter und nehmen die einzelnen Bäume und Sträucher bewußt wahr ... Vor besonders mächtigen und imposanten Bäumen bleiben Sie stehen ... Von den Eichen lassen Sie sich Kraft und Ausdauer schenken, von den Buchen körperliche und geistige Frische, von den Nadelbäumen innere Ruhe und Gelassenheit, vom Ahorn Kreativität und Inspiration, von den Birken Licht und Fröhlichkeit ... Achten Sie auch auf die braune Erde, auf die Steine des Weges und das Blau des Himmels ... Die braune Erde schenkt Ihnen Geborgenheit und die Weite des Himmels innere Freiheit ... Riechen Sie die Erde und die Pflanzen ... Hören Sie das Gezwitscher der Vögel, das Rauschen der Blätter und das Rascheln im Gehölz ... Öffnen Sie einfach alle Sinne – nehmen Sie die Seite der Natur in sich auf, das gibt Ihnen Kraft – Sie tanken auf. Jede Zelle – jedes Atom erstrahlt in neuem Licht ... Bringen Sie Ihren Energiekörper zum Leuchten, zum Strahlen ... Mit einem großen Dankeschön an Mutter Erde, die diese Schätze hervorbringt und für Sie bereitstellt, beenden Sie die Meditation.*

Negative Denkgewohnheiten umpolen

Mit der folgenden Meditation kommen Sie negativen Gedanken aller Art auf die Schliche und können sie systematisch ausmerzen. Merkur, der Ihnen geistige Frische und Klarheit schenkt, kann aber auch das Gegenteil bewirken, wenn seine Energie ins Negative abfällt: Er kann lügen und betrügen oder falsche Tatsachen vorgaukeln – sogar als Gedanken. Trösten wir uns – die meisten Menschen unterliegen irgendwann in irgendeiner Sache ihren Lügen über sich selbst. Aber wir können etwas dagegen tun! Wenn Sie eine gewisse Zeit Ihre Gedanken beobachten, d. h. sie bewußt wahrnehmen und anschauen, dann merken Sie, wie und was Sie tagein tagaus denken. Bei solchen Betrachtungen habe ich vor Jahren mein »blaues Wunder« erlebt. Ich war mir zuvor gar nicht bewußt, wie negativ und zerstörerisch ich dachte. Seither hat sich einiges gebessert. Aber ich weiß, daß ich – solange ich lebe – immer wieder von neuem diese Betrachtungen der Gedanken machen muß, weil sich ständig neue negative Denkgewohnheiten entwickeln können. Der Mittwoch ist für diese Meditation besonders geeignet.

In der folgenden Meditation gehen Sie noch einen Schritt weiter: *Sie polen um!* Nachdem Sie Ihre negativen Gedanken, d. h. Gedanken, die Ihnen nichts nützen oder sogar schaden, werden durch positive ersetzt, indem Sie langsam in Ihrem Atemrhythmus eine entsprechende Affirmation denken oder sprechen.

Nehmen Sie Ihre Meditationshaltung ein (siehe Seite 24), oder legen Sie sich hin.

 *Während der folgenden Meditation beobachten Sie bewußt Ihren Atem ... Lenkt Sie ein Gedanke davon ab, dann schauen Sie ihn kurz an und entlassen ihn wieder, indem Sie sich erneut dem Atem zuwenden ... Lassen Sie also die Gedanken kommen, aber lassen Sie diese auch sofort wieder weiterziehen ... Wenn Sie das*

*ein paar Minuten geübt haben, lassen Sie die aufkommenden Ge-
danken nicht sofort wieder los, sondern Sie schauen diese einen
Augenblick genau an und entscheiden, ob der Gedanke positiv,
nützlich oder sogar negativ war ... Negative Gedanken polen Sie
nun systematisch um, d.h., Sie sagen oder denken danach eine
entsprechende positive Affirmation oder eine allgemeine wie z.B.:*

»Die allmächtige, allwissende und all-liebende Kraft ist jetzt für
mich am Werk, sie ist das Licht auf meinem Weg« *oder* »Ich bin
liebenswert« *oder* »Ich bewältige diese Aufgabe leicht, schnell
und voller Lust und Freude.«

Mudra – zur Aktivierung der Gehirnfunktionen

Der folgende Mudra-Zyklus, setzt sich aus überlieferten Mudras
zusammen, die schon seit Urzeiten zur Förderung der Spiritualität
eingesetzt werden. Er beruhigt die Gedankenflut, synchronisiert
die Gehirnhälften, verbessert die Konzentration, aktiviert die Kreativität, bringt innere Klarheit und ist das Symbol für die Verbindung des individuellen Bewußtseins zum komischen Bewußtsein.

Nehmen Sie den Meditationssitz ein, setzen sich auf einen Stuhl, oder stellen Sie
sich geerdet hin (siehe Seite 24).

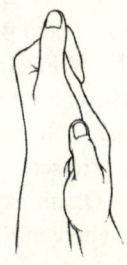

Reiben Sie 49mal die Hände aneinander,
indem immer die Finger der einen, die
Finger der anderen Hand umfassen.

Nun legen Sie bei beiden Händen Daumen und Zeigefingerspitze aneinander und legen sie in dieser Stellung auf die Oberschenkel, so daß die Finger zur Erde zeigen. Vertiefen Sie den Atem, und nehmen Sie 6–12 Atemzüge. *Während der Ausatmung stellen Sie sich vor, wie durch die drei gestreckten Finger verbrauchte Energie abfließt.*

Sie nehmen nun die Hände in dieser Mudra-Stellung vor die Brust und stellen sich vor, zwischen Daumen und Zeigefinger eine Farbkreide zu halten. Nun zeichnen Sie gedanklich eine liegende Acht, ein Mandala oder einen Schmetterling. Die Zeigefinger und Daumen treffen sich immer wieder kurz in der Mitte. Sie malen ein Bild, in dem die Farbe Gelb in allen Nuancen vorherrscht (Gelb macht geistig frisch). Achten Sie darauf, daß die rechte und linke Hand parallel zeichnen. Sie rahmen das Bild ein (3mal), danach ziehen Sie mehrmals eine spiralförmige Linie von unten nach oben und von oben nach unten. Dabei kreisen die Handgelenke ganz locker. Damit stellen Sie Ihren persönlichen »heißen Draht« zum kosmischen Bewußtsein, zur höheren Intelligenz her.

Nun nehmen Sie beide Hände vor die
Brust, Daumen und Zeigefinger liegen immer noch aneinander. Die rechte Hand
zeigt nach außen und ist etwas höher als
die linke. Die linke Hand zeigt nach innen.
Der linke Mittelfinger berührt die Stelle,
an der Daumen und Zeigefinger der rechten Hand zum Kreis geschlossen sind.
Halten Sie Ihre Aufmerksamkeit an den
Berührungspunkt der drei Finger, und beobachten Sie dabei den Atem. Bleiben Sie
einige Minuten in der Stille. *Tauchen Sie
tief ein in diese wundersame Ruhe, aus der
sich wieder neue Kraft für Körper, Geist
und Seele entfaltet.*

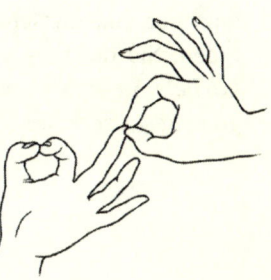

*Übungsreihe zur Synchronisierung
der Gehirnhäften*

Jede Körperfunktion im allgemeinen und das Denken im besonderen hängt von der Aktivität des Gehirns ab. Die Gehirnfunktionen
können mit gezielten Körperübungen und einer leichten gesunden
Kost positiv beeinflußt werden. Wenn Sie viel Wasser trinken,
unterstützt das die Wirkung.

Die folgende Übungsreihe wirkt erfrischend bei geistiger Müdigkeit, Konzentrationsproblemen oder allgemeiner Lernschwäche
und kann am Arbeitsplatz – sogar im Klassenzimmer! – zwischendurch praktiziert werden. Wenn Sie wenig Zeit haben,
machen Sie nur die Übungen 1, 2, 3, 4 und 7.

1. TANZBÄR

Sie reiben über dem Kopf die Hände aneinander und marschieren auf der Stelle,
indem Sie die Fersen heben und senken.
*Lächeln Sie dabei – als führten Sie etwas
ganz Besonderes im Schilde.*

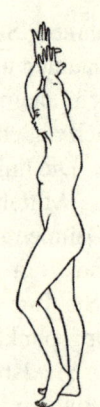

2. SEITENDEHNUNG

Stehend oder sitzend, Hände hinter dem
Kopf. Einatmen; den rechten Arm kräftig
nach oben dehnen, Atem anhalten und
Oberkörper nach links beugen. Ausatmen
und wieder aufrichten. 6–8mal im Wechsel wiederholen.

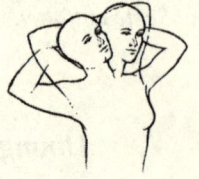

Danach 2–4mal bei der Einatmung kräftig
die Arme nach hinten drücken, und bei der
Ausatmung entspannt nach vorn führen.
*»Ich öffne mich neuen Inspirationen,
denn sie bereichern mein Leben.«*

3. ÜBERKREUZBEWEGUNG I

Einatmen; linkes Bein leicht anheben, nach
hinten strecken und rechten Arm nach
oben und nach hinten strecken. Ausatmen;
Bein zurückstellen und Arm wieder senken. Im Wechsel 8mal wiederholen.
Blicken Sie dabei immer auf die nach
oben gestreckte Hand.

»*Der Schwung meiner Bewegung bringt
Beschwingtheit in meinen Geist.*«

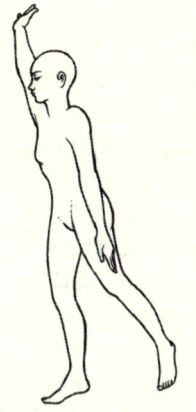

4. ÜBERKREUZBEWEGUNG II

Ausatmen; mit rechtem Ellenbogen das
linke Knie berühren. Einatmend sich wieder aufrichten und Fuß zurückstellen. Im
Wechsel 8mal wiederholen.

»*Die Leichtigkeit meiner Bewegung beflügelt meine Seele.*«

5. WAAGE

10–20 Atemzüge die Stellung halten, danach die andere Seite üben.

»*Ich stelle mich dem Leben und halte
das Gleichgewicht in allen Dingen.*«

6. WECHSELATMUNG

Die Wechselatmung wirkt ausgleichend auf allen Ebenen. Sie schenkt innere Harmonie, indem sie einerseits körperliche Funktionssysteme wie die Gehirnhälften synchronisiert, den Atemrhythmus, das Hormon- und Nervensystem in ihr natürliches Gleichgewicht bringt und andererseits auf der seelisch-geistigen Ebene Gleichmut und Gelassenheit erzeugt.

Setzen Sie sich gerade hin, das Kinn etwas angezogen, damit der Nacken leicht gedehnt ist.
– Rechtes Nasenloch schließen und links einatmen.
– Nun links schließen und rechts ausatmen.
Im Wechsel 6–12mal wiederholen.
– Danach 3–6mal bewußt und langsam durch beide Nasenlöcher ein- und ausatmen.

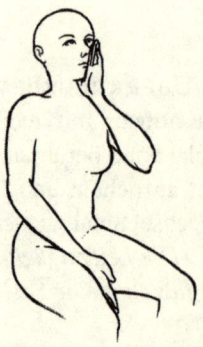

Sie können die Wirkung verstärken, wenn Sie die Pausen nach der Ein- bzw. Ausatmung etwas verlängern. Sie können sich auch wie ein Kind im Atemrhythmus leicht von Seite zu Seite wiegen – das ist reinster Balsam für das Nervensystem.

»Harmonie und Ausgeglichenheit geben mir Kraft in Körper, Geist und Seele.«

7. ENTSPANNEN UND NEU AUFTANKEN

Auf dem Stuhl oder Boden sitzend, Arme und Beine leicht gekreuzt. Sie beugen sich nach vorn und legen den Oberkörper entspannt auf die Oberschenkel; bleiben Sie 10 Atemzüge in dieser Haltung. Dann Arm- und Beinstellung wechseln und weitere 10 Atemzüge ...

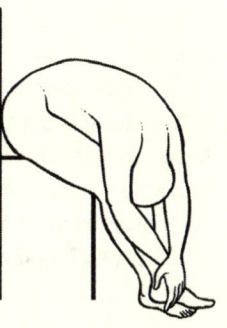

»Negative Gedanken lasse ich los – positive Gedanken lasse ich zu – dann geht es mir gut.«

Danach setzen oder stellen Sie sich aufrecht hin und dehnen sich nochmals kräftig durch.

»Liebe, Lust und Begeisterung bestimmen mein Leben.«

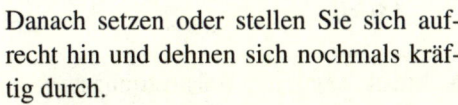

Farbe

Gelb ist die Farbe des Mittwochs, die Farbe des Geistes. Gelb ist warm und hell, bedeutet Befreiung von Zwängen und inneres Wachstum. Mit seinen positiven Schwingungen fördert es Wissen und Weisheit. Gelb steht auch für Verstand, Logik, Unterscheidungsvermögen und Scharfsinn. Gelb regt den Geist an, darum kann bei geistiger Tätigkeit eine Farbvisualisierung oder die Mittwoch-Mudra, kombiniert mit dem Zeichnen des gelben Mandalas (siehe S.100) sehr guttun. Oder stellen Sie einen Strauß gelber Blumen auf Ihren Wohnzimmer- oder Schreibtisch.

Auf der körperlichen Ebene stärkt Gelb das Nervensystem und regt verschiedene Organe an, z.B. Leber, Gallenblase und Bauchspeicheldrüse. Sie unterstützt auch die Bildung des Magensafts, lindert Verstopfung und allgemeine Verdauungsschwäche.

Gelb hat auch seine ausgeprägte Schattenseite: Lügen und Betrügen, Berechnung, Bosheit und Manipulation können sich hier
zeigen.
Zu Gelb habe ich ein recht zwiespältiges Verhältnis. An und für
sich liebe ich die verschiedenen Gelbtöne sehr, aber recht schnell
habe ich wieder genug davon; und dann regt mich diese Farbe auf
wie sonst keine. Die Komplementärfarbe ist Violett – und von dieser Farbe kann ich nie genug bekommen, besonders mittwochs.
Wie geht es Ihnen mit diesen beiden Farben?

Musik

Am Mittwoch ist leichte Musik angesagt. Blasinstrumente wie
Flöte, Klarinette oder Oboe passen vorzüglich. Aber auch Klavier-
musik tut gut, ob nun klassisch oder als rassiger Boogie-Woogie.
Es kann sein, daß man mittwochs etwas zur Anregung braucht oder
das Gegenteil: etwas, das die strapazierten und gestreßten Gehirn-
und Nervenzellen besänftigt. Entspannungsmusik mit Panflöten-
Solos zentrieren und fördern Ruhe und Harmonie.
Zum Mittwoch passen auch textlastige Chansons (z. B. von
Reinhard Mey, Bob Dylan, Charles Treunet), gesellschaftskritische
und jede Art von zeitgenössischer Musik, z. B. moderner Jazz,
Schlager usw. (was gerade Mode ist). Auch Kabarett gehört zum
merkurischen Mittwoch.
Ilse Arnold empfiehlt das *Konzert für Flöte und Harfe KZ 299*
von Mozart.»Diese Musik ist so leicht und beschwingt, so rührend
und süß, daß ich das Gefühl habe, auf den Flügeln dieser Töne in
eine wunderschöne Märchenlandschaft zu entschweben. Die Flö-
tenklänge heben mich in immer höhere Spähren, die Harfenklänge
locken mich in immer sinnlichere Welten«, schwärmt sie.

Getreide – die Hirse

 Der Mittwoch ist oft ein lebhafter Tag, und diese Lebhaftigkeit vermittelt auch die Hirse, denn sie unterstützt jede geistige Tätigkeit, besonders deren Tempo, Dynamik und Flexibilität. Sie stärkt den ganzen Menschen, unterstützt die körperliche und geistige Beweglichkeit und macht froh und heiter.

Das Hirsekorn ist zwar das kleinste unter den Körnern, dafür aber das gesündeste. Es enthält mehr Fett und Mineralstoffe als seine Konkurrenten, vor allem Magnesium, Kalzium, Phosphor, Fluor (besonders wichtig für Wachstum und Gesunderhaltung der Zähne) und Eisen, aber auch Lezithin und Vitamine. Wie die Gerste bietet sie einen hohen Gehalt an Kieselsäure, die Augen und Haut gesund erhält. Die Hirse ist ein bewährtes Hausmittel bei allen Haarproblemen.

Hirse durchwärmt den ganzen Körper und wirkt, wenn durch Streß, zuwenig Bewegung und/oder zuviel geistiger Aktivität der Wärmehaushalt des Menschen in Mitleidenschaft gezogen ist.

Mittwochs oder wenn es bei mir mit dem Kochen schnell gehen muß, ist ein Hirsegericht genau das Richtige.

Rezepte

Hirsotto
Etwas Butter in der Pfanne erhitzen.

Knoblauch, Zwiebeln und Suppengemüse je nach Saison (z. B. Lauch, Karotten, Kohl) kleinschneiden und dünsten, 1 Tasse Hirse zugeben, 4 Tassen Wasser dazugießen, würzen nach Belieben und circa 20 Minuten kochen.

Geriebenen Käse dazu reichen.

Hirsesuppe
Möchten Sie lieber eine Suppe, dann fügen Sie statt 1 Tasse Hirse
nur 3 EL dazu, und zum Schluß verfeinern Sie die Suppe mit etwas
Rahm.

Sogar beim Kochen besticht der Merkur durch seine Schnelligkeit
und sein ökonomisches Talent.

So können Sie den Mittwoch
am besten nutzen und genießen

- Heute ist der beste Spieletag. Oder wie wäre es wieder einmal
  mit einem Kreuzworträtsel?
- Spielen Sie mit Farben, malen Sie z. B. ein Mandala.
- Auch ein kleiner Spaziergang in rhythmischer, zügiger Gangart
  ist wie Balsam für das Nervensystem, bringt Ausgeglichenheit
  und macht einen klaren Kopf.
- Quecksilber ist das Metall Merkurs, das Sie natürlich nicht bei
  sich tragen können, statt dessen aber einen Bergkristall, der für
  Konzentration und innere Klarheit steht.
- Der Mittwoch eignet sich auch gut, um den Arbeitsplatz auf-
  zuräumen und neue Ordnung zu schaffen.
- Eine kleine Reise, um Abstand vom Alltag zu bekommen, kann
  auf den Mittwoch gelegt werden.
- Gehen Sie ins Kabarett, oder besuchen Sie eine Veranstaltung,
  bei der Sie viel lachen können.
- Schauen Sie sich einen lustigen Film an.

Ich meine fast, wenn ich mir
mit der Seele etwas innig wünsche,
dann erfüllt das Leben
mir solche Wünsche gerne.

Arthur Rubinstein

Donnerstag

Tag des Jupiters

Donar bzw. Thor war der Gott, dem die alten Völker des Nordens den Donnerstag weihten. Er war sehr populär, ein Kraftprotz, ein Polterer, ein gewaltiger Biertrinker und enormer Esser, kurzum: ein richtiger Haudegen und Genießer, ein »Donnerkerl«. Seine stattliche Positur war so beeindruckend, daß jeder einen Kampf mit ihm vermied. Thor galt als geradlinig, unkompliziert und gutmütig – wenn man ihn nicht verärgerte.

Ähnliche Eigenschaften werden aus astrologischer Sicht Jupiter – deshalb ist ihm der Donnerstag symbolisch zugeordnet – oder in der griechischen Mythologie Zeus zugesprochen.

Die Jupiterkraft ist grundsätzlich positiv und erzeugt im Menschen ein Gefühl für den Sinn des Lebens. Das ist ein erhebendes Gefühl! Dieses Gefühl, diese Vermutung, die sich zu einem überzeugten Glauben oder sogar zu Gewißheit entwickeln kann, tut gut. Beobachten Sie einmal selbst: Wie fühlt und verhält sich jemand, der an einen Sinn des Lebens glaubt, und wie jemand, der in seinem Leben keinen Sinn erkennen kann. Die Gewißheit, daß das Leben nicht »zufällig«, sondern sinnvoll verläuft, reicht vom Faßbaren bis ins Unfaßbare, vom Endlichen bis ins Transzendente.

Ein Mensch, der sich bewußt geworden ist, daß sein Leben mit allen Herausforderungen, Freuden und Leiden einen tieferen Sinn in sich birgt, strahlt innere Stärke aus, die ihm natürlichen Schutz und Würde verleiht. Kommt Leid über ihn, kann er es leichter ertragen, denn er weiß, daß es nicht sinnlos und alles dem immerwährenden Wandel unterworfen ist.

Wir alle tragen in uns ein natürliches Verlangen nach Lebensfreude und Lebenslust (viele verdrängen das leider). Jupiter mischt auch da kräftig mit. Überbordet er, kann es in Völlerei und Prasserei ausarten. Er ist außerdem eine Spielernatur, liebt rauschende Feste, große Gelage – einfach alles, was die Lust und die Freude im Leben steigert.

Jupiter ist der Gott des Reichtums, der Expansion und als solcher auf vielen Symbolen zu finden, die Wohlstand repräsentieren. Er liebt schlicht und einfach den Luxus und kann nie genug davon bekommen. Wenn wir nicht aufpassen, kann er zum inneren Verführer werden. Erliegen wir ihm, müssen wir etwas vorsichtig sein, damit wir nicht vom Materiellen besessen werden, statt es zu besitzen. Donnerstags haben auch viele Geschäfte längere Öffnungszeiten; da wird viel gekauft, was gar nicht nötig wäre. Was soll's, wenn es Freude macht, hat es wohl auch einen Sinn.

Die Jupiterenergie beinhaltet auch die innere Weisheit und eine objektive Sichtweise. Diese Kraft gestattet uns, das Leben von einer höheren Warte aus zu betrachten. Wir sehen den Weg zu unserem Ziel und sehen auch, welche Schritte wir unternehmen müssen, um das Ziel zu erreichen. Wir erkennen, daß wir ein Teil des kosmischen Plans sind, mit dessen Kraft, unseren Visionen und unserem Willen wir alles erreichen können. Jupiter zeigt uns auch die Fülle des Lebens und die unerschöpfliche Fülle des Universums, die uns zur Verfügung steht. Mit unserer Schaffenskraft und unserem unerschütterlichen Vertrauen öffnen wir uns dieser universellen Fülle. Wenn wir die Jupiterkraft in uns entfalten, entwickeln wir auch die nötige charismatische Ausstrahlung, um Mitmenschen für unsere Pläne und Projekte zu begeistern.

Jupiter kann mit dem Höheren Selbst assoziiert werden; K. O. Schmid, ein großer Weisheitslehrer, spricht vom »inneren Riesen«. Diese innere Kraft, die Kraft eines Riesen, steht uns jederzeit zur Verfügung, wenn sich die kleinsten wie auch größten Wünsche erfüllen sollen. Sie unterstützt und hilft uns gerne, wenn wir großzügig denken – auch in bezug auf die Mitmenschen –, großzügig schenken und großzügig die Zukunft planen und anpacken. Jupiter liebt das Große und Weite. Mit unangenehmen Kleinigkeiten befaßt er sich allerdings nicht gerne (das erledigt Saturn). So übersieht er leicht und gerne die kleinen Details.

So wie im Norden Donar der Gott des Donners und Blitzes war, so war im Süden Zeus der Gott des Himmels und des Wetters. Ein äußeres wie auch ein inneres Gewitter kann sehr reinigend wirken, dann können sich die volle Schaffenskraft, Mut und Elan erst richtig entwickeln. So kann uns diese Götterkraft, wenn nötig, etwas unsanft von altem Ballast und alter Enge (auch im Denken) befreien, uns das Wesentliche im Leben zeigen und uns zwingen zu handeln. Wenn wir Ziele setzen, die unserem Wohle und dem der Umwelt dienen, ist diese Energie die treibende Kraft, ein guter Ratgeber und gibt Hoffnung. Unter der Schirmherrschaft Jupiters können wir Pläne begeistert aufgreifen und in die Tat umsetzen, sofern sie mit dem »großen Plan« übereinstimmen.

Die Einfluß Jupiters reicht bis in die Zukunft, und so ist Donnerstag der richtige Tag, um Zukunftsvisionen zu entwickeln und den Sinn des Lebens neu zu hinterfragen. Früher war der Donnerstag in der Schweiz auch der »kleine Sonntag«: Schulen und Arztpraxen hatten geschlossen, die Burschen gingen auf Brautschau. Es war der Tag, an dem man zusammen speiste, trank und die Lebensfreuden voll auskostete – der ideale Tag, um zu feiern und sich zu freuen!

Der positive Jupitereinfluß:
Innerer und äußerer Reichtum, Wachstum, Sinnfindung, Hoffnung, Gutmütigkeit, Fröhlichkeit, Humor, Mut, positives Charisma, Expansion, Überfluß, Optimismus, Toleranz, Streben nach Wissen und Weisheit, Großzügigkeit, soziale Gerechtigkeit, Geselligkeit, Zukunftsorientiertheit.

Der negative Jupitereinfluß:
Verschwendungssucht, Völlerei, Süchte, Habgier, Leichtfertigkeit, Sorglosigkeit, Ungenauigkeit, Arroganz, Egoismus.

In Verbindung treten
mit der kosmischen Kraft des Jupiters

An Jupiter ist alles strahlend, expandierend und positiv. Versäumen Sie also nicht, Jupiter, dem Sie in der folgenden Visualisierung begegnen, Ihre kleinen wie auch großen Wünsche in bezug auf das Mehr-haben-Wollen oder Mehr-sein-Wollen vorzutragen. Allerdings kann alles zuviel und zu groß werden; es wird dann zur Last und/oder zu Streß. Bedenken Sie, daß jedes »Mehr« auch mehr Engagement und Arbeit bedeutet. Richtig gehandhabt, bringt es allerdings auch mehr Freude. Es lohnt sich vielleicht doch?!

Sie setzen oder legen sich bequem hin und kommen mit 10 tiefen Atemzügen in Ihr Innerstes. Stellen Sie sich vor:

Sie stehen, auf einer breiten, naturbelassenen Straße, mit nackten Füßen auf der warmen, dunklen, fruchtbaren Erde ... Ahornbäume säumen beidseitig die Straße, und am Ende der langen Allee steht ein Triumphbogen. Die Luft ist schwül, ein Gewitter ist im Anzug ... Sie gehen langsam, Schritt für Schritt, auf den Bogen zu und sehen, daß es der Eingang zu einem wunderschönen Park ist ... Das Gewitter kommt immer näher, es blitzt und donnert, und kaum sind Sie unter dem Triumphbogen, da prasseln die Regentropfen zur Erde. Auf einer Bank machen Sie es sich im Schutz des Bogens gemütlich und warten, bis das Gewitter vorbei ist. Dabei wünschen Sie sich, daß auch alle dunklen Wolken in Ihnen aufgeweicht, aufgelöst und vom Regen weggeschwemmt wer-

den – alle negativen Glaubenssätze in bezug auf Ihren materiellen Reichtum, Ihre zwischenmenschlichen Beziehungen ...

Nach dem Gewitter ist die ganze Atmosphäre wie gereinigt, und Sie atmen einige Mal tief durch ... Sie gehen nun in den Park und bewundern die mächtigen Bäume – die blühenden Blumenbeete – Teiche mit Seerosen – die Wildblumen am Wegrand ... Jetzt kommen Sie an eine breite Treppe, die zu einem imposanten Palast führt, gehen die Treppe hoch und betreten eine hohe Halle aus weißem Marmor. Sie bewundern die großartigen Säulen, die Strukturen – alles zeugt von enormem Reichtum. Sie durchqueren verschiedene Säle, einer schöner als der andere, und kommen in den Thronsaal, der in Orange, Rot und Gelb ausgestattet ist (Vorhänge, Teppiche, Kissen usw.) ... Zwei große Thronsessel, der eine ist ausladend und reich verziert, der andere schlicht und elegant, stehen an der Rückwand. An der Wand gegenüber bemerken Sie einen blinden Spiegel. Vielleicht erdrückt Sie dieser ganze Prunk etwas, und Sie denken an Ihre kleinen, hübschen Sachen und an Ihr gemütliches Heim ... Nun kommt Jupiter in weitem, wallenden, purpurroten Gewand in den Saal und setzt sich auf den einen Thron. Er ist eine strahlende und würdige Erscheinung. Mit gütigen Augen und liebevollem Lächeln lädt er Sie ein, auf dem Schemel vor ihm Platz zu nehmen ... Kaum sitzen Sie, kommt eine wunderschöne Frau in schlichtem weißen, aber edlen Gewand in den Saal und setzt sich auf den zweiten Thronsessel. Sie lächelt und sagt: »Ich bin Hera, die Göttin, die das richtige Maß der Dinge vertritt und bewirkt. So, wie Jupiter dir helfen kann, deine Wünsche zu erfüllen, so kann ich dir helfen, dabei das richtige Maß zu finden, damit du mit dem Erhaltenen auch wirklich glücklich wirst. Viele fürchten mich, weil sie nicht einsehen wollen oder können, was wirklich gut für sie ist. Aber wer mir vertraut, wird reich belohnt. Den wahren Frieden bzw. die wahre Zufriedenheit kann nur ich schenken.« ... Jupiter wendet sich nun an Sie und sagt: »Sprich einen Wunsch aus, und schau in den Spielgel gegenüber. Darin siehst du, wie es sein wird, wenn sich dein Wunsch erfüllt hat. Spaße aber nicht mit dieser Möglichkeit, sondern sprich nur Wün-

sche aus, mit denen du es wirklich ernst meinst und die aus deinem Herzen kommen ... Laß dir viel Zeit, wenn du betrachtest, was dein erfüllter Wunsch in deinem Leben außerhalb von Dir, besonders aber in deinem Innersten bewirkt ... Schau, welche Konsequenzen es hat, sofort und später.« ... Sprechen Sie nun langsam in positivem Wortlaut einen Ihrer Wünsche aus, und betrachten Sie dann die Bilder, die auf dem Spiegel erscheinen ... Wenn Sie genug gesehen haben, wenden Sie sich an Jupiters Gemahlin. Sie spricht: »Überlege dir nun, und erzähle mir dann, was alles du bereit bist zu tun, damit dein Wunsch in Erfüllung geht.« Lassen Sie sich bei diesen Überlegungen viel Zeit ... Hera gibt Ihnen nun den Rat, während der nächsten Wochen, besonders donnerstags, noch mehr nachzufühlen, was Sie alles tun möchten, können oder wollen, damit sich Ihr Wunsch erfüllt ... Nun drückt Ihnen Jupiter einen Zinnkrug in die Hände und fordert Sie auf, von dem darin enthaltenen wundervollen, kraftspendenden Elixier zu trinken ... Sie trinken in goßen Zügen, und die Energie verteilt sich nun von Ihrer Körpermitte aus in Ihr Herz, Ihren Kopf, in Ihre Arme und Hände, in Ihre Beine und Füße. Sie genießen das Gefühl einer überwältigenden Kraft mit jeder Zelle Ihres Körpers ...

Voller Dankbarkeit verabschieden Sie sich von Jupiter und Hera, verlassen den Palast und betreten wieder den Park ... Falls Sie noch etwas Zeit haben, setzen Sie sich auf eine Bank unter einen der Ahornbäume und genießen die Schönheit und den Überfluß, der rings um Sie in der Natur herrscht ...

Langsam kommen Sie dann wieder zurück ins Tagesbewußtsein.

Meditationen für den Donnerstag

Jupiter, Zeus, Donar, Tor – all diese Archetypen verkörpern die Energie des Reichtums, des Überflusses, und sie weisen von der Gegenwart in die Zukunft.

Die Kanäle des Reichtums öffnen

Durch Ihre innere Einstellung können Sie tatsächlich äußeren Reichtum und Überfluß anziehen. Neben einer erfolgreichen Zukunftsplanung muß also auch immer die innere Einstellung hinterfragt und neu angepaßt werden. Soll beispielsweise mehr Geld zu uns fließen, dann müssen wir das Geld lieben und vermehrt zum Fließen bringen; möchten wir einen größeren Freundeskreis, dann müssen wir zuerst unsere innere Haltung den Mitmenschen gegenüber unter die Lupe nehmen; möchten wir eine befriedigendere berufliche Tätigkeit, dann müssen wir bereit sein, das unsere beizutragen (Mars hilft uns dabei). Unsere momentane Haltung und unsere Handlungen müssen schon im Kleinen dem entsprechen, was wir in der Zukunft im Großen haben wollen. Wenn Sie reich werden wollen, was immer das auch heißt, dann müssen Sie sich schon jetzt »reich fühlen« ... Ich beispielsweise komme aus einer einfachen Familie, in der Geld nur für das Nötigste da war. Aber schon sehr früh lernte ich die reich machenden Prinzipien kennen, lebte danach und hatte immer *reich*lich Geld zur Verfügung (für monatelanges Reisen, hübsche Kleider und Wohnung, für Hobbys und Vergnügungen jeder Art, für Geschenke usw.). Wenn auf meinem Konto fast Ebbe war, verschenkte ich den Rest noch. Ich kenne Menschen, die sehr wenig Geld haben und sich trotzdem viele ihrer Wünsche erfüllen können – und andere, die mit viel Geld sehr unglücklich sind. Schenken und Spenden hat mir am meisten Geld eingebracht, als hätten meine kleinen Gaben das Entsprechende angezogen. Leider schaffe ich es nicht, in allem großzügig zu sein (wer ist das schon), aber da, wo ich es bin, sind die Kanäle beidseitig offen. Es ist wie ein Bumerang: Alles kommt wieder zu mir zurück – aber in größerem Ausmaß. Versuchen Sie das auch einmal! (Mit dem Negativen verhält es sich allerdings genauso!)

Nehmen Sie Ihre Meditationshaltung ein (siehe Seite 24), oder legen Sie sich hin. Ihre Hände liegen wie Schalen locker auf den Oberschenkeln.

 *Bleiben Sie zuerst einige Sekunden in der Stille und konzentrieren Sie sich auf die kleine Pause nach der Ausatmung – auf die Leere. Stellen Sie sich folgende Fragen: Was bedeutet mir innerer Reichtum? ... Was bedeutet mir äußerer Reichtum? ... Was brauche ich, um zufrieden und glücklich zu sein? ... Wenn Ihnen nun klar ist, was Sie brauchen, dann stellen Sie sich vor, Sie würden es schon besitzen, sie würden es benutzen, Sie würden damit leben ... Stellen Sie sich weiter vor, wie Sie sich dabei fühlen ... Nun stellen Sie sich vor, wie Sie schon* jetzt *ein wenig so leben, als hätten Sie es schon ... Wenn Sie mehr Geld haben möchten, stellen Sie sich vor, wie Sie schon* jetzt *jeden Monat einen kleinen Betrag auf Ihr Sparkonto legen und den Rest voller Freude großzügig ausgeben. Sie kaufen hübsche Sachen, ein gutes Buch, Konzert- oder Theaterkarten, Essen von bester Qualität und haben immer auch eine offene Hand für Spenden und Geschenke ... Wenn Sie eine neues Heim möchten, stellen Sie sich vor, wie Sie schon* jetzt *Ihr Zuhause mit wenigen Mitteln verschönern usw. ... Egal, was Sie sich wünschen, behalten Sie es nicht nur für sich ... Stellen Sie sich vor, wie Sie Ihre Umwelt damit erfreuen und bereichern ... Beenden Sie die Meditation, indem Sie 7mal sagen:*

»Ich bin bereit, Reichtum zu empfangen, will ihn genießen, und die Umwelt soll daran teilhaben.«

Zukunftsvisionen entwickeln

Wir beeinflussen unsere Zukunft unbewußt mit unserer Vorstellungskraft, mit unserem Denken und unseren Gefühlen. Egal wie alt oder wie jung man ist, man sollte sich immer wieder neue Projekte vornehmen, indem man etwas Neues anfängt oder seinem Tun, Sein und Haben neue Tiefe und Qualität gibt. Unsere Lebensqualität muß hin und wieder neu hinterfragt und neu geplant werden – der Donnerstag eignet sich dazu vorzüglich –, sonst kommen wir in einen langweiligen Trott, der langsam abwärts führt.

Nehmen Sie Ihre Meditationshaltung ein (siehe Seite 24), oder legen Sie sich hin. Ihre Hände liegen wie Schalen locker auf den Oberschenkeln. Daumen, Zeigefinger und Mittelfinger liegen aneinander.

Stellen Sie sich eine leere Kinoleinwand vor ... Darauf projizieren Sie einen Film, einen Film, der Ihre Zukunft darstellt – und Sie sind darin der/die HauptdarstellerIn ... Sie gestalten sich eine Zukunft, die Ihnen entspricht, die Sie zufrieden macht, die Ihnen Freude bereitet und den Sinn Ihres Lebens zum Ausdruck bringt ... Sie sehen, wie Sie in Zukunft wohnen werden ... was Sie arbeiten ... wie Sie Ihren Urlaub verbringen ... wie Sie die Zeit mit Ihrer Familie bzw. mit Ihren Freunden erleben werden ... Visualisieren Sie so viele Farben und so klar wie möglich ... Sie sind mit ganzem Herzen dabei und teilen die Gefühle und Stimmungen der Hauptperson ... Versuchen Sie Ihre Freude und Zufriedenheit schon jetzt zu spüren ... Sie sprechen mit den Mitmenschen, und die Mitmenschen sprechen mit Ihnen ... Sie selbst bieten anderen Unterstützung an, und die anderen unterstützen Sie in Ihren Zukunftsprojekten ... Sie loben sich zu Ihrem gelungenen Lebensmanagement und Ihrem Erfolg, und Sie finden dieselbe Anerkennung in Ihrer Familie und bei Ihren Freunden ... Ihr Erfolg soll

*auch Ihrer Umgebung einen entsprechenden Gewinn bringen ...
Sie bereichern somit Ihr Umfeld; und das Umfeld wiederum be-
schenkt Sie mit allem, was Sie glücklich macht.*

Diese Visualisierung können Sie auch liegend im Bett, kurz vor
dem Einschlafen oder nach dem Aufwachen machen. Viel Spaß
dabei!

Es lebe die Geselligkeit!

Früher aß man in der Schweiz donnerstags gemeinsam die »Grüne
Suppe« und auch sonst war es der Tag, an dem man Freunde und
Verwandte besuchte, um mit Ihnen zu speisen, zu plaudern, zu
singen oder zu arbeiten (spinnen, stricken usw.). Diesen Brauch
wieder zu beleben ist sicher ein ideales Mittel, um nachbarschaft-
liche, verwandtschaftliche und freundschaftliche Beziehungen zu
hegen und zu pflegen. Wie wir einen geselligen Abend gestalten,
hängt weitgehend von unserer Kreativität und nicht so sehr von
äußeren Mitteln ab. Viele laden nicht mehr ein, weil sie Angst
haben vor Ausnutzung, Tratschereien oder gar Streitigkeiten. Andere scheuen den Aufwand oder befürchten, abgewiesen zu werden. Aber all diese Ängste sind völlig unbegründet, wenn wir wissen, *wie* wir unsere Beziehungen gestalten und pflegen. Dabei
können Visualisierungen gute Vorarbeit leisten.

Nehmen Sie Ihre Meditationshaltung ein (siehe Seite 24), oder
legen Sie sich hin. Daumen- und Zeigefingerspitzen liegen aneinander.

 *Stellen Sie sich mehrere Möglichkeiten, diverse Programme vor, wie ein gemütliches Beisammensitzen aussehen könnte ... Was wird gesprochen, gegessen, getrunken? ... Malen Sie sich im Geiste verschiedene Varianten aus, vom einfachsten spontanen Beisammensitzen zu zweit bis zu rauschenden Festen ... Spielen Sie mit den Möglichkeiten – spielen Sie ruhig auch mit scheinbar Unmöglichem ... Achten Sie aber darauf, sogar in Ihren Vorstellungen, daß Sie Ihre Erwartungen im Zaun halten. Erwarten Sie nicht, daß die anderen Sie zuerst einladen, sondern tun Sie den ersten, den zweiten und noch viele weitere Schritte ... Von den anderen erwarten Sie nichts, es sei denn, Sie haben zuwenig Geld oder zuwenig Zeit, dann lassen Sie die Gäste das Essen mitbringen. Sie wollen einige gemütliche Stunden, und Ihr einziger Lohn ist die Freude, die Sie dabei empfinden und nicht eine Gegenleistung ... Gelingt Ihnen diese Vorstellung bei aller Ehrlichkeit, dann stellen Sie sich weiter vor, daß Sie die geselligen Stunden zusammen mit anderen planen und dabei viel Hilfe erhalten ... Alle tragen etwas bei, und es entwickeln sich nette Freundschaften ... Sie fühlen sich wunderbar getragen, geachtet und geliebt ... Sagen Sie 7mal:*

»Die glücklichen Stunden mit meinen Gästen will ich mit allen Sinnen genießen.«

Beenden Sie die Meditation, und denken Sie darüber nach, wen Sie demnächst einladen könnten – ohne großen Aufwand, einfach um der Geselligkeit willen ...

Machen Sie diese Visualisierung aus ehrlichem Herzen an 7 aufeinanderfolgenden Donnerstagen, und werden Sie dann aktiv. Ich wünsche Ihnen viele fröhliche Stunden bei Speis und Trank, bei Blödeleien und/oder interessanten Diskussionen.

Mudra – zur Regeneration einzelner Organe

Diese kraftaufbauende Mudra, die Mukula-Mudra, wird auf ein Organ gesetzt, das schmerzt oder geschwächt ist. Es ist, als würde man damit, einem Laser- oder Blitzstrahl gleich, regenerierende Energie in das betreffende Organ lenken. Mukula-Mudra, auch Schnabelhand genannt, paßt vorzüglich zum Donnerstag, der Donar, dem Gott des Blitz und des Donners geweiht war. Samuel West, ein amerikanischer Wissenschaftler und Arzt, setzt die Mukula-Mudra ein, wenn ein Organ elektrisch neu aufgeladen werden soll – und er hat damit großen Erfolg. Er konnte nachweisen, daß jede Erkrankung und auch viele undefinierbaren Schmerzen daher rühren, weil das betreffende elektromagnetische Feld zu schwach ist.

Mit jeder Hand: Die vier langen Finger an  den Daumen legen, und die Fingerspitzen an den Punkt setzen, der dem betreffenden Organ zugeordnet ist.

Auf der folgenden Abbildung sehen Sie, wo die Auflagepunkte sind. Mit etwas Übung werden Sie sofort spüren, wo Ihre Hände richtig liegen.

Lunge: Die Finger werden circa 5 Zentimeter recht und links unterhalb des
   Schlüsselbeins angesetzt.
Magen: Die Finger beider Hände werden
   direkt unterhalb des Brustbeins angesetzt.

Leber und Gallenblase: Die linke Hand an das Brustbeinende setzen und mit der rechten Hand 21mal über die Rippenenden der rechten Seite streichen, als wollten Sie ein Streichholz anzünden.

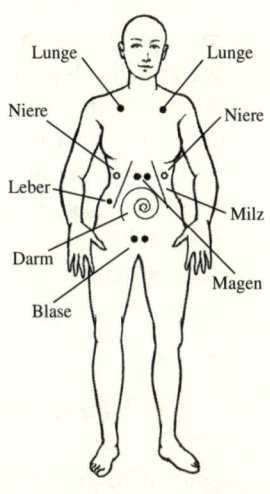

Milz und Bauchspeicheldrüse: Die rechte Hand an das Brustbeinende setzen und mit der linken Hand 21mal über die Rippenenden der linken Seite streichen, als wollten Sie ein Streichholz anzünden.

Nieren: Die Finger beider Hände circa 5 Zentimeter oberhalb der Taille an den Rücken setzen.

Blase: Die Finger beider Hände rechts und links des Schambeins ansetzen.

Därme: Die Finger der einen Hand an den Nabel setzen und von rechts nach links einen Kreis ziehen, der immer größer wird (wie eine Spirale).

Machen Sie dabei immer die Yoga-Vollatmung, d. h., Sie halten den Atem nach der Ein- und nach der Ausatmung einige Sekunden an. Wenn Sie einatmen, denken Sie: *Kraft rein.* Wenn Sie ausatmen denken Sie: *Schmutz raus.*

Zusätzliche Wirkung erzielen folgende Farbvisualisierungen:

Zur Behandlung der *Lunge* visualisieren Sie die Farbe *Weiß*, für die *Leber* und *Gallenblase Grün*; für *Magen, Milz, Bauchspeicheldrüse Gelb*; für *Herz* oder *Dünndarm Rot* und für *Nieren* und *Blase* die Farbe *Blau*.

Ganz nebenbei: Donar bzw. Tor war nicht nur ein großer Esser, sondern auch sexuell ein unersättlicher Kraftprotz; Jupiter stellte ebenfalls gerne den Frauen nach. Thor soll so lüstern gewesen sein, daß ihm der Speichel wie ein Bach aus dem Mund floß … Möchten Sie also im sexuellen Bereich etwas mehr Energie haben, kann Ihnen Ihre Partnerin bzw. Ihr Partner die Finger in der Mukula-Stellung an Ihren Nabel setzen und im Uhrzeigersinn einen Kreis ziehen, der immer größer wird (wie eine Spirale). Die Finger dürfen den Körper dabei nicht berühren, denn dadurch soll das Energiefeld vorerst aufgeladen werden. Die Bewegung ist zärtlich, locker schwungvoll – nicht dramatisch, leistungsorientiert …

Übungsreihe für die Verdauungsorgane

Jupiter wird die Leber zugeordnet; sie beeinflußt die Energie der rechten und linken Körperseite, verkörpert Geduld und Durchhaltekraft und richtet den Blick auf die Zukunft. In der folgenden Übungsreihe werden die Verdauungsorgane – Leber und Verdauung arbeiten eng zusammen – und die Körperseiten gepreßt und gedehnt, so daß die Durchblutung angeregt und innere Verspannungen aufgelöst werden.

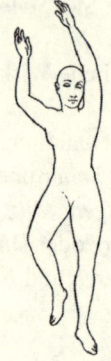

1. STERNE PFLÜCKEN
Die Sterne sind weit weg, recken und strecken Sie sich so gut und weit wie möglich.

»Ich hole mir das Gute, das mir zusteht.«

2. BAUCH EINZIEHEN

Einatmen; Kopf heben, ausatmen; Kopf senken und Kinn einziehen.
Während der Atemleere die Bauchdecke kräftig einziehen und wieder loslassen. Loslassen und anspannen – mehrmals wiederholen.

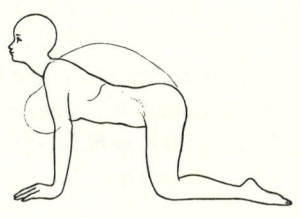

> *»All meine inneren Organe leisten jetzt und in Zukunft ihr Bestes.«*

3. SEITENDEHNUNG IM KNIESTAND

Sie bleiben 15 Atemzüge in der Stellung, wechseln die Beinstellung und beugen sich zur anderen Seite.

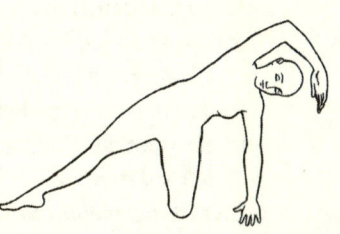

> *»Ich öffne mich den guten Gelegenheiten, die mir die Zukunft bringt.«*

4. BAUCH- UND MAGENDEHNUNG

Becken heben und kräftig nach oben stemmen, Brustbein nach vorn bringen und in die Dehnung des Bauch- und Magenbereichs hineinspüren. 15 Atemzüge diese Stellung halten.

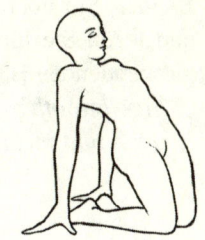

> *»Mit vollem Einsatz in der Gegenwart bereite ich die Zukunft vor.«*

5. VORBEUGE

Fäuste am Bauch. Sie sind ganz entspannt und spüren den Druck, den die Hände erzeugen – so lenken Sie Energie in den Bauch.

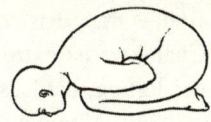

> *»Ich bin voller Dankbarkeit für mein reiches Leben.«*

6. DREHLAGE

Ausatmen; die Knie zur Seite senken (so
nah wie möglich an den Oberarm bringen). Einatmen; die Knie wieder zur Mitte
bringen; beide Seiten 8mal.

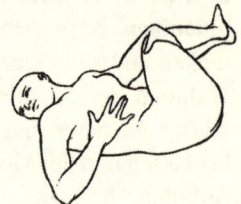

>*Ich gebe der inneren Einkehr Raum
und habe Zeit für Geselligkeit.*«

7. FÖTUS

Mit fließenden Bewegungen bewegen Sie
Arme und Beine in alle Richtungen – wie
ein Tintenfisch. Danach legen Sie die
Hände in die Kniekehlen und bleiben
einige Atemzüge lang so liegen.

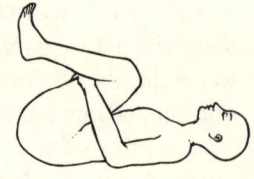

>*Ich ruhe in meiner Mitte und schöpfe
Kraft aus meiner Mitte.*«

Bleiben Sie noch einige Minuten liegen,
und legen Sie Ihre wärmenden und ener-
giespendenden Hände auf die Rippen.

>*Ich bin offen für alles Gute und lasse
mich und mein Leben davon erfüllen.*«

Farbe

Zu Jupiter gehören die Farbe Orange und ihre Komplementärfarbe
Blau. Orange ist eine warme Farbe, die nach außen strahlt. Ihr
Charakter ist extrovertiert und konstruktiv. Orange weckt die Begeisterung, die Lust auf Sex und schenkt eine positive Lebensein-
stellung, Vitalität, Kreativität, ein gutes Maß an Selbstvertrauen
und die Spannkraft, gesteckte Ziele zu erreichen. Diese Farbe steht

auch für Kommunikation und Geselligkeit. So können Sie am Donnerstag für den geselligen Abend den Tisch in Orange und Blau dekorieren; oder Sie können sich überlegen, ob Sie nicht mehr Orange in seinen verschiedenen Nuancen (Kerzen, Kissen, Vorhänge usw.) in Ihr Wohnzimmer bringen, wo Sie gemütlich mit anderen beisammensitzen. Bei aller Liebe zu Orange dürfen Sie es mit dieser Farbe nicht übertreiben, da sie auch zu ausschweifendem Verhalten führen kann. Sie wollen ja nicht, daß Ihre Donnerstagsrunde ausartet ...

Orange wirkt sich positiv auf den ganzen Verdauungstrakt aus, stärkt den Herzschlag und unterstützt die Funktionen von Leber, Gallenblase, Magen, Bauchspeicheldrüse, Darm und Blase. Das Tragen von orangeroter Unterwäsche kann also sehr heilsam sein.

Ist man aber gereizt oder gestreßt, kann Orange als zu aufdringlich empfunden werden und aggressiv machen. Dann wirkt Blau beruhigend, entspannend und bringt innere Harmonie. Farbforscher sehen Blau als Hauptfarbe für den Donnerstag, da Blau auch die Farbe des Materiellen einerseits und die Farbe der Sehnsucht andererseits ist. All unsere Wünsche sind Zeichen eines inneren Mangels und unserer Sehnsucht. Blau kann allerdings auch hemmen, und darum gehört Blau meiner Meinung nach doch eher zum Samstag. Orange, mit Blau kombiniert, ist allerdings sehr interessant.

Musik

Jupiter verkörpert die Vielfalt. Darum kann ihm kaum ein bestimmtes Instrument zugeordnet werden. Seine Musik ist erhaben, vielfältig, berauschend. Es ist die Musik der Götter. Wer denkt da nicht sofort an Richard Wagner und seine Opern, an die Symphonien von Ludwig van Beethoven (besonders die 9.), an Gustav Mahler oder an die Dramen des Verdi? Die Komponisten haben sich im Klangvolumen nicht zurückgehalten, und Sie sollten dies bei der Lautstärke auch nicht tun. Gönnen Sie sich diese Musik, die jede Zelle zum Vibrieren bringt – Sie berauscht und entzückt.

Von der zeitgenössischen Musik gehören zum Donnerstag die World-Songs: *We are the world* ... , Lieder des Friedens, der Ethik und der Menschenliebe (z. B. von Michael Jackson, Bob Dylon, Joan Baez). Auch Gospels mit ihren spirituellen Botschaften in bezug auf das irdische Leben, Spirituals mit lebensbejahenden Aussagen (Mahalia Jackson) und schließlich das große Repertoire der Folkmusic passen zur Jupiterenergie.

Getreide – der Roggen

Der Roggen, der von allen Getreidesorten am höchsten wächst, wird Jupiter zugeordnet. Er liebt viel Sonne und gedeiht auch in höheren Lagen. Er ist ein rechter Bodenverbesserer, da seine dichten Wurzeln den Boden lockern. Gemäß der Signaturlehre, nach der auch Paracelsus heilte, werden die besonderen Eigenschaften und Kräfte, die der Pflanze eigen sind, bei deren Verzehr auf den Menschen übertragen. So soll der Roggen dem Menschen eine gute Standfestigkeit, ein geschmeidiges und starkes Rückgrat und einen hellen und beweglichen Geist verleihen. Auf Schweizerdeutsch heißt der Rücken »Rugge«, und gerade auf den Rücken hat der Roggen einen besonders stärkenden Einfluß. Mit dem Impuls des Göttervaters Jupiter stärkt er uns nicht nur physisch, sondern auch geistig den Rücken. Sein Kaliumgehalt tut besonders der Leber gut und unterstützt auf der emotionalen Ebene Geduld und Durchhaltekraft. Ist die Leber gesund, dann blicken wir auch zuversichtlich und optimistisch in die Zukunft!

Rezepte

In Kochbüchern wird empfohlen, Körner ungefähr 10 Stunden vor dem Kochen einzuweichen. Das erfordert eine recht großzügige Planung. Es geht aber auch viel schneller und einfacher:

1 Tasse Roggen waschen und in einen wärmespeichernden Topf geben.

2 Tassen Wasser beifügen, aufkochen und 3–4 Stunden ruhen lassen.

Eventuell kleingeschnittenes Gemüse zugeben und 30 Minuten bei schwacher Hitze köcheln lassen.

Würzen nach Belieben (z. B. mit Meersalz, Curry, Soya-Sauce).

Vor dem Servieren noch ein Stück Butter oder 1 EL Olivenöl beigeben.

Dazu kann gewürzter Sauerrahm oder eine Kräutersauce gereicht werden.

Kräutersauce
Rosmarin und Thymian in Butter knusprig anbraten.
Zwiebeln hacken, dazugeben und dünsten, bis sie braun sind.
Rahm beifügen und mit Soya-Sauce und Pfeffer abschmecken.
Die Sauce separat zum Getreide reichen.

Sehr gesund und schmackhaft ist Roggenbrot und kann, zum Frühstück gegessen, dem Donnerstag eine besondere Note geben.

So können Sie den Donnerstag
am besten nutzen und genießen

- Gönnen Sie sich einen Einkaufsbummel, und erfüllen Sie sich einen kleinen oder größeren Wunsch.
- Laden Sie Bekannte zum Essen ein. Wenn Sie keine Zeit oder Lust haben zu kochen, tut es auch eine Käseplatte mit Roggenbrot.
- Dekorieren Sie den Tisch in den Farben Orange und Blau.
- Erklären Sie den Donnerstag zu Ihrem kleinen Sonntag, an dem gemütliche Geselligkeit gepflegt wird.
- Trinken Sie aus einem Zinnbecher, denn Zinn ist das Metall des Donnertags.
- Tragen Sie gelbe oder orangefarbene Trommelsteine bei sich.
- Zünden Sie eine blaue Kerze an, und schmieden Sie dazu in aller Ruhe Zukunftspläne.
- Leisten Sie sich ein wenig Luxus.

Viel Kälte ist unter den Menschen,
weil wir nicht wagen, uns so herzlich
zu geben, wie wir sind.

Albert Schweitzer

Freitag

Tag der Venus

Der Freitag, althochdeutsch Friatac, alemannisch Fritig, wird der germanischen Göttin Frigg zugesprochen. Diese äußerst raffinierte und verführerische Göttin war die eigentliche Gemahlin Odins, was sie allerdings nicht daran hinderte, mit anderen Göttern »anzubändeln«. Freyia wiederum, ihre Rivalin, hatte zum Ausgleich eine recht enge Beziehung mit Odin ... Frigg und Freyia sind Liebes- und Fruchtbarkeitsgöttinnen; ihnen entprechen im Süden die griechische Göttin der Liebe und der Schönheit, Aphrodite, und die römische Liebesgöttin Venus.

Mit Venus betreten wir das Reich der Schönheit und der Liebe. Schönheit begeistert, beschwingt und beglückt; sie spricht eine tiefe Sehnsucht in uns an, scheint sie doch in irdischer Vollkommenheit Überirdisches zu spiegeln. Dieses Gestaltungsprinzip macht uns empfänglich für formschöne Ausgewogenheit, Ebenmaß, Farben und Klänge. Wir können beobachten, wie leicht es uns bei guter Stimmung fällt, das Schöne zu sehen und uns daran zu freuen. Venus spornt die Künstler an, in ihren Werken Schönheit und Harmonie zum Ausdruck zu bringen. Aber die Venus steckt in uns allen, und jeder ist auf einer ganz individuellen Ebene ein Künstler. Schade, daß viele das gar nicht ahnen. Durch die Praxis der Meditation können Sie jedoch Ihre kreative Ader suchen und entdecken und Ihren Sinn für das Schöne wecken. Oder kennen Sie

Ihren Sinn für das Schöne bereits oder Ihre kreative Ader? Wenn nicht, fangen Sie am folgenden Freitag mit der Suche an. Und setzen Sie die neuen Talente auch oft und genügend ein, damit sie sich voll entfalten können?

Das durch Venus symbolisierte Harmoniebedürfnis läßt uns auch Spannungen und Gegensätze ausgleichen, Härten und Schärfen mildern. Sie ist die verbindende Energie: In Ihrem Innenleben ermöglicht sie die Beziehungen zu all Ihren Teilpersönlichkeiten. Sie ermöglicht emotionale Verbindungen zum Mitmenschen und zur Natur – zu allem, was von den schöpferischen Kräften geschaffen wurde, zu allem, was durch Menschenhand kreiert wurde. All diesen Verbindungen, die wir durch die Venuskraft herstellen, liegt die Liebe, das Wohlwollen, die Anerkennung und die Bewunderung zugrunde. Natürlich wird auch jede Ehe oder andere Form von Partnerschaft stark von der Venus beeinflußt. Die Venusliebe in ihrer höchsten Dimension stellt keine Bedingungen und kennt keine Eifersucht. Auch einer größeren Gemeinschaft, deren Mitglieder Gemeinsames leisten oder Projekte ausarbeiten, hilft Venus durch ihr Gestaltungsvermögen.

Venus trägt außerdem die Schlüssel zur liebenden Verbundenheit mit den universellen Mächten – sie besitzt den Schlüssel, der durch die Macht der bedingungslosen Liebe alle Türen öffnet. Wenn wir unser Herz der universellen Liebe öffnen, dann fühlen wir uns auch in schweren Zeiten geborgen und getragen.

Ihr Schatten zeigt sich als Oberflächlichkeit. Venus liebt die Verzauberung: die Umgebung verzaubern und sich selbst verzaubern lassen – narzißtische Verliebtheit; sich von anderen verwöhnen lassen, ohne etwas dafür zu tun, bis hin zur unersättlicher Sucht nach Lust und Befriedigung gehören ebenso zu diesem Prinzip wie Sympathie, Antipathie, Anziehung und Abstoßung. (Alles, was wir als unsympathisch oder gar abstoßend empfinden, weist auf etwas in uns selbst hin, das wir nicht annehmen wollen, sondern abstoßen wollen.) Auch ein Zuviel an Sinnlichkeit, zu große sexuelle Anziehungskraft oder sexuelle Hörigkeit kann einem venusbetonten Menschen arg zu schaffen machen.

Venus verlangt von uns nichts weiter, als daß wir uns hübsch machen, unseren Charme spielen lassen, uns verwöhnen und alles Schöne genießen und daß wir freundlich und harmonisch zusammenleben. Dies ist jedoch nur möglich, wenn man sich mit all seinen Fehlern und Unzulänglichkeiten akzeptiert, was den meisten schwerfällt. Aber man kann sich nur dann wirklich lieben, wenn man sich so akzeptiert, wie man ist. Jede Liebe, die an Bedingungen geknüpft ist, ist unecht, ist wie eine Vergewaltigung – auch die Liebe zu einem selbst. Jeder hat seine Fehler. Die Fehler anderer kann man aber erst dann akzeptieren, wenn man die eigenen akzeptiert. Dasselbe gilt auch für das Sich-selbst-verwöhnen-Können. Wenn man meint, es lohnt sich nicht, sich selbst zu verwöhnen und sich mit Schönem zu umgeben, z. B. auch für sich allein gut zu kochen und am hübsch gedecktem Tisch zu essen, für sich selbst ein »unnötiges« Buch (eine aufreizende Liebesgeschichte), eine CD, ein Schmuckstück, Blumen usw. zu kaufen, dann meint man sehr bald auch, es lohne sich auch nicht für den »launischen« Partner, für die »undankbare« Familie usw. Wenn man sich selbst Schönes und Gutes gönnt und leistet, dann erwartet man es nicht mehr von den andern und man muß auch niemandem dankbar sein – d. h., wir sind frei von belastenden Abhängigkeiten.

Wenn wir der Venus gerecht werden wollen, dann treffen wir nicht nur vom Verstand diktierte Entscheidungen, sondern folgen auch unserem Herzen.

Es macht wirklich Spaß und tut gut, wenn Sie den Freitag venusgerecht gestalten. Verwöhnen Sie sich also nach Lust und Laune! Lassen Sie auch andere teilweise daran teilnehmen – aber nur teilweise. Nehmen Sie sich etwas vor, das nur Sie betrifft. Den Freitag können Sie auch zu Ihrem Freundschaftstag machen – besonders unter Frauen (für Männer ist der Dienstag besser geeignet).

Haben Sie eine feste Beziehung, dann kann es am Freitag nicht romantisch genug zu- und hergehen. (Man sagt ja Frauen nach, daß sie raffiniert seien. Bringen wir Frauen also freitags all unsere Raffinesse ins Spiel.) Ob damit auch die Sexualität ins Rollen kommt, sollte nicht das Wichtigste sein, weil zu große Erwartungen diesbezüglich Entspannung, Romantik und Harmonie zunichte machen.

Venus regiert auch den »Nestbau«, liebt Blumen und Düfte. So kann der Freitag auch der Tag sein, an dem Sie Ihr Heim besonders schön schmücken und sich abends ein duftendes Schönheitsbad gönnen.

Der positive Venuseinfluß:
Liebe, Leidenschaft, Anziehungskraft, Beziehungsfähigkeit, Romantik, Feingefühl, Schönheitssinn, Charisma, Neubeginn, Kreativität, Harmonie, Weiblichkeit, Sinnlichkeit.

Der negative Venuseinfluß:
Narzißmus, Oberflächlichkeit, Verführung, falscher Glanz, Eifersucht, Neid, Faulheit, sexuelle Hörigkeit.

In Verbindung treten
mit der kosmischen Kraft der Venus

Venus ist die Göttin des Frühlings, der Gärten, der Liebenden und der Freundschaften. Der Planet Venus, der die Liebe verkörpert, ist der Sonne am nächsten und der glänzendste und hellste aller Sterne, so wie ein liebender Mensch dem Göttlichen am nächsten und für die Welt ein Licht in der Dunkelheit ist – ein wärmendes, tröstendes und wegweisendes Licht.

Unsere Liebesfähigkeit ist das Kostbarste, das wir haben. Viele Menschen sind ständig auf der Suche nach Liebe, nach jemandem, der/die sie liebt? Viele sind einsam, traurig, hoffnungslos, weil sie von niemanden geliebt werden oder je geliebt wurden. All diese Menschen wissen nicht, daß der Magnet aller empfangenden Liebe in ihnen selbst ist. Eine lieblose Kindheit, Ängste, Vorurteile, innere Unruhe, irreführende Ansichten oder drückende Sorgen können wohl den Glauben an die Liebe zerstören, aber wir haben es in der

Hand – besser gesagt im Herzen –, die Kraft der Liebe wieder aufzubauen. Je mehr Sie sich selbst lieben können, um so mehr Liebe
werden Sie empfangen; und je mehr Liebe Sie schenken, um so
mehr haben Sie zur Verfügung. Das weiß ich aus Erfahrung. In
puncto Liebe habe ich einige bittere Lektionen gelernt. Seit ich
jedoch lieben kann – bedingungslos lieben kann –, lebe ich in einer
Welt, die mir so viel Liebe, Wohlwollen und Freundschaft ent-
gegenbringt, daß ich vor lauter Dankbarkeit und Freude oft weinen
muß.

Vergessen Sie nicht, daß es eine universelle Kraft gibt, die Ihnen
das Leben schenkte, die Sie liebt, trägt, schützt und Ihnen Geborgenheit gibt. Auf diese Liebe können Sie sich einstellen, und dann
spüren Sie sie auch. Venus ist die Überbringerin dieser Kraft.

Venus ist die personifizierte Energie der Liebe – lassen Sie diese
Energie in der folgenden Visualisierung auf sich übertragen –,
tanken Sie die Kraft der Liebe.

Sie setzen oder legen sich bequem hin und kommen Sie mit 10 tiefen Atemzügen in Ihr Innerstes. Stellen Sie sich vor:

*Sie stehen im Halbdunkel einer Grotte auf einer
kleinen Steinbrücke, die über einen dunklen Teich
führt ... Sie wissen, in diesem Teich leben Rep-
tilien jeder Art. Das sind all Ihre Ängste und
negativen Gedanken in bezug auf die Liebe ... Sie
nehmen nun einige Steine und werfen diese den
Ungeheuern auf den Kopf ... Sie gehen weiter,*
*kommen tiefer in die Grotte und stehen vor einem kupfernen Tor ...
Sie legen die Hände auf das Metall, atmen einige Male tief ein und
nehmen durch Hände und Nase die Energie des Kupfers in sich
auf. (Kupfer gilt als glückbringendes Metall, und man sagt ihm
nach, daß es Liebe, Freundschaften und Erfolg anzieht.) ... Das
Tor öffnet sich und dahinter liegt ein wunderschöner Garten. Um-
säumt wird er von Birken ... Es ist Frühling, und die Vögel jubilieren. Sie riechen den Frühling förmlich und lassen sich von den*

Farben der vielen Frühlingsblumen betören ... In der Mitte plät-
schert ein muschelförmiger Brunnen, der sein Wasser aus einer
unterirdischen Quelle bezieht ... Sie setzen sich auf den Brunnen-
rand, betrachten und genießen eine Weile die schöne Umgebung ...
Nun kommt eine Frau auf Sie zu. Sie trägt ein weißes, wallendes
Kleid, das von einem blauen Gürtel zusammengehalten wird, einen
grünen Mantel, und im Haar schmückt sie ein Blumenkranz. – Es
ist Venus, die Ihnen nun gegenübersteht ... Sie setzt sich zu Ihnen,
taucht eine Hand ins Wasser und sagt: »Wie der Brunnen hier sein
Wasser aus einer nie versiegenden Quelle bezieht, gebe ich dir
meine Liebesenergie, die ich meinerseits von der unendlichen
Quelle des Kosmos beziehe ... Das Wasser dieses Brunnens bewäs-
sert die Pflanzen dieses Gartens – die kultivierten, aber auch die
vielen Wildpflanzen, welche die Wege säumen. Der Brunnen wählt
nicht einige wenige aus, denen er sein Wasser zukommen läßt, son-
dern läßt das Wasser zu allen Pflanzen fließen. Würde er es zu-
rückhalten, könnte kein Wasser mehr nachfließen, und das Wasser
würde faulen. Bedenke auch du: Je mehr Liebe du bedingungslos
verschenkst, um so mehr entwickelt sich die Kraft der Liebe in dei-
nem Herzen ... Bitte erzähle mir nun ein wenig, wie es dir geht in
punkto Liebe ... Wann geht es dir gut? ... Wo könnte es noch besser
sein?« ... Sie unterhalten sich mit Venus (fragen oder erzählen,
was Sie diesbezüglich bedrückt oder besonders freut). Wenn Sie
Fragen haben, dann warten Sie geduldig auf die Antworten ... Zum
Abschied nimmt Venus, diese wunderschöne Frau, Sie in die Arme,
und Sie spüren eine wundersame Wärme, die von Herz zu Herz
strömt und Sie ganz erfüllt ... Sie setzen sich danach noch eine
Weile unter eine der Birken und denken in aller Stille über Ihre
Begegnung mit Venus nach.

Meditationen für den Freitag

Sinnlichkeit, Schönheit, Muße, Sensibilität, Romantik – all das sind Attribute der Venus. Leider ist der Alltag kaum venusbetont – aber freitags können wir dank unseres reichen Innenlebens und unserer inneren formgebenden Kraft ein wenig davon herbeizaubern und diesen Zauber vielleicht sogar ansatzweise nach außen bringen, indem wir beispielsweise ein romantisch-sinnliches Bild, eine Skulptur oder eine spezielle Duftkerze aufstellen, romantische Musik hören, romantisches Geschirr verwenden. Ist das nicht wunderbar?

Wenn wir all unsere Sinne auf das Schöne richten, stärkt uns das auf jeder Ebene. Schönheit ist die Nahrung für unsere Seele. Schönheit »begeistert«; und Schönheit und Harmonie regen die Körperfunktionen an. Setzen sie Ihre Sinne öfters ein, indem Sie bewußt hören, sehen, riechen, schmecken, tasten und spüren, so fördern Sie Ihre Sinnlichkeit, die das Leben bunter und reicher erscheinen läßt und Ihr Glücksempfinden erheblich steigert.

Romantik und Sinnlichkeit genießen

Die folgende Meditation bringt Sie in eine Welt, von der wir alle träumen, ob wir das nun wahrhaben wollen oder nicht – denn die Venus, das liebe Luder, wirkt in jedem.

Sie können die Bilder überall entstehen lassen, ob stehend, sitzend oder liegend. Es spielt auch keine Rolle, wie lange Sie damit verweilen. Nicht auf die Dauer kommt es an, sondern auf die Intensität.

Nehmen Sie Ihre Meditationshaltung ein (siehe Seite 24), oder
legen Sie sich hin. Ihre Hände liegen locker auf den Oberschenkeln. Bei beiden Händen liegen Daumen- und Ringfingerspitze aneinander.

*Stellen Sie sich einen romantischen Lustgarten
vor. Er befindet sich hoch auf den Klippen des
Meeres ... Er entspricht ganz Ihrem Sinn für
Schönheit und Harmonie – ein Ort, an dem Sie
gerne einige Minuten, Stunden oder Tage verweilen würden, der Sie erfrischt und all Ihre Sinne
weckt. ... Sie machen hier einen Kurzurlaub und
bekommen Abstand vom Alltag ... Lassen Sie sich bewußt auf die
Formen der Wege, der Blumenbeete, der Teiche, der Skulpturen
und Gebäude ein ... Sie tauchen ein in die Farben der Pflanzen, in
das Rauschen und die Farbschattierungen des Wassers und lassen
sich vom Wind zart Ihr Gesicht liebkosen. Genießen Sie das in
vollen Zügen ... Versuchen Sie etwas Schönes zu hören (Musik,
Vögel, Wind, rauschendes Wasser), und kosten Sie auch den Duft
des Ortes ... Sie lustwandeln, tanzen, singen und tragen wunderschöne Kleider ... Bleiben Sie eine ganze Weile allein ... und dann
gesellt sich Ihr Partner bzw. Ihre Partnerin zu Ihnen (dies kann ein
»realer« Mensch sein oder eine Gestalt, die Sie in Ihrer Phantasie
entstehen lassen) ... Sie sind nun zu zweit und verbringen eine
wunderschöne Zeit voller Sinnlichkeit und Romantik ... Ihr Partner bzw. Ihre Partnerin verabschiedet sich von Ihnen mit dem Versprechen, wiederzukommen ... Und auch Sie versprechen, in späte-
stens einer Woche wieder zu kommen, um diese liebevolle Freundschaft zu vertiefen und zu genießen. Sie bleiben noch eine Weile
allein und überlegen sich, wem Sie heute oder am kommenden
Wochenende eine besondere Freude machen könnten ...*

Spiegeltechnik

Die sogenannte »Spiegeltechnik« hilft Ihnen, eine positive kraftvolle Beziehung mit sich selbst aufzubauen, sich zu akzeptieren, wie Sie sind, die Liebe zu sich selbst aufzubauen oder zu stabilisieren, die Anforderungen Ihren Fähigkeiten und Möglichkeiten anzupassen, Schuldgefühle abzubauen usw. Statt Kritik zu üben, richten Sie Ihre Aufmerksamkeit auf Ihre Stärken. (Gerade vorhin erhielt ich einen Anruf von einer Bekannten, die durch eine schwere Krankheit endlich Ihre Stärke entdeckte und in Zukunft sogar anderen Menschen beistehen wird.)

Sie brauchen zur folgenden Meditation einen Spiegel. Setzen Sie sich davor, oder halten Sie ihn in der Hand (lassen Sie die Hand zwischendurch wieder sinken, damit sie nicht ermüdet).

Nehmen Sie Ihre Meditationshaltung ein (siehe Seite 24).

 *Sie betrachten sich nun eine Weile im Spiegel, lassen die Gedanken zu und entlassen sie wieder ... Sollten Gedanken der Kritik oder der Ablehnung über Ihr Aussehen, Ihre Schwächen, Ihr Verhalten während der letzten Tage aufkommen, schauen Sie diese etwas genauer an ... Dann beenden Sie Ihre Selbstbetrachtungen und atmen danach einige Male kräftig aus ... Lassen Sie nun keine Gedanken der Kritik mehr zu, und bitten Sie Venus um Hilfe, falls Sie merken, daß Gedanken der Kritik Sie wieder heimsuchen ... Überlegen Sie sich nun, wo und wie sich Ihre Stärken zeigen ... Überlegen Sie sich weiter, wie und wo Sie Ihre Stärken die nächsten Tage vermehrt zum Einsatz bringen können ... Wie ist es möglich, morgens beim Aufstehen, beim Frühstück, vormittags, mittags, nachmittags, abends? ... Stellen Sie sich ganz konkrete Situationen vor ... Bleiben Sie maßvoll, weniger kann mehr sein ... Denken Sie nun über*

typisch weibliche Eigenschaften nach – wie Sie dazu stehen und was sie Ihnen bringen. Wie könnten Sie diese vermehrt einsetzen? ... Aber in Ihnen steckt auch typisch Männliches: Wie stehen Sie dazu, wie setzen Sie es ein? Was ist in Zukunft daraus zu machen? ... Forschen Sie noch eine Weile nach unbekannten Stärken in sich ... Venus, die in Ihnen wirkt, ist auch die Göttin der Schönheit. Wie äußert sich Ihr Schönheitssinn? ... Seien Sie sich bewußt: Je mehr Sie Ihre guten Eigenschaften und Stärken, Ihren Sinn für das Schöne und Gute im Alltag ins Spiel bringen, um so mehr kommt es zu deren Entfaltung ... Es ist wie bei einem Keimling, der den Boden durchbricht, ans Licht kommt und sich zu einer wunderschönen Pflanze entwickelt ... Sagen Sie nun 7mal voller Inbrunst:

»Ich liebe mich so, wie ich bin.
Ich liebe das Schöne und Gute an meinem Äußeren.
Ich liebe das Schöne und Gute in meinem Inneren.
Ich nutze alle Möglichkeiten.
Mein Bestes soll sich voll entfalten.
Reine Schönheit soll aus meinem Herzen leuchten.«

Beenden Sie die Meditation mit einem großen Dankeschön an die universelle Kraft, die Sie so geschaffen hat.

Wenn Sie diese Meditation über einige Wochen jeden Freitag wiederholen, werden Sie eine richtige Selbst-Entdeckungsreise erleben. Denn immer neue Stärken werden Ihnen bewußt werden, die sich durch den Einsatz entfalten. Egal, ob weiblich oder männlich, wir alle werden älter, und das Leben sollte dabei nicht schwerer, sondern leichter werden. Das erreichen wir durch innere Selbstentfaltung.

Ihr Charisma zum Erstrahlen bringen

Sie haben richtig gelesen: Sie *können* Ihr Charisma zum Erstrahlen bringen, es ist nur zum kleinsten Teil ein Geschenk der Natur. Wir alle können es aufbauen und immer weiter entwickeln. Menschen mit einem positiven Charisma sind wohlwollend, liebevoll, großzügig und verständnisvoll. Weil sie all diese Attribute in sich tragen, strahlen sie Hoffnung, Vertrauen, Zuversicht, Wohlwollen, Liebe, Leichtigkeit und Licht aus. Solche Menschen können begeistern, weil sie selbst begeisterungsfähig sind. Es gibt leider auch eine verhängnisvolle, magische Ausstrahlung bzw. Anziehung, die einen Menschen in Bann ziehen und ihn sogar zerstören kann.

Die folgende Meditation ist eine meiner liebsten, und wenn ich selbst einmal ein Tief habe, dann wirken ein Glas Wasser und diese Meditation Wunder. Gerne mache ich diese Meditation auf dem Weg zur Arbeit, in einem Café – einfach da, wo Menschen sind.

Wenn Sie Zuhause sind, nehmen Sie wie üblich Ihre Meditationshaltung ein (siehe Seite 24) oder legen sich hin. Ihre Hände liegen locker auf den Oberschenkeln. Bei beiden Händen liegen Daumen- und Ringfingerspitze aneinander. Stellen Sie sich vor:

Sie sitzen inmitten von Menschen. Die Gesichter der Menschen nehmen Sie vorerst nur verschwommen wahr … Auf Ihrem Kopf befindet sich ein kupferfarbener Trichter. Sie atmen ein, nehmen mit dem Trichter Energie in Form von Licht auf und lassen sich während der kurzen Pause nach der Einatmung von diesem Licht ganz erfüllen. Sie atmen wieder aus, und aus allen Poren Ihrer Haut entweicht Rauch – es ist Ihre verbrauchte Energie. Atmen Sie 3mal in gleicher Weise … Nun atmen Sie wieder tief ein und nehmen Lichtenergie durch den Scheitel auf, lassen sich wieder von der

*Energie erfüllen und sehen sich als strahlenden Lichtkörper. Alle
Zellen leuchten, als wären in allen Räumen Ihres »Körperhauses«
die Lampen angezündet ... Sie sammeln nun einen Teil des Lichts
im Herzen und richten das Licht wie einen Laserstrahl auf einen
der anwesenden Menschen. Sie atmen aus und lassen ihm die
Energie zufließen. Wenn es jemand ist, den Sie kennen, lassen Sie
sein Gesicht kurz klar werden – er oder sie lächelt Ihnen dankbar
zu. Fahren Sie so weiter, solange Sie mögen ... Seien Sie großzügig, lassen Sie auch Nachbarn, Arbeitskollegen und Unbekannte
von Ihrer Energie profitieren. Ihre Energie ist genau das, was die
Empfangenden brauchen. Vielleicht lassen Sie dem einen Menschen gleich mehrere Energiestöße zukommen. Bleiben Sie mit kla-
rem Kopf und vollem Herzen dabei ... Achten Sie darauf, daß Sie
die Pause nach der Einatmung einige Sekunden einhalten, sonst
geben Sie zuviel Energie ab. Sagen Sie nun 7mal voller Inbrunst:*

> »Die Herrlichkeit und Fülle des unendlichen Bewußtseins wird
> in mir und in dir und in all unseren Angelegenheiten zum Aus-
> druck gebracht.«

*Beenden Sie die Meditation mit einem Dankeschön dafür, daß Sie
so viel geben und empfangen dürfen.*

Die meisten Stimmungstiefs entstehen, weil der Energiefluß blockiert
ist. Dem wirkt diese Meditation entgegen. Auch in Zeiten der
Krankheit kann sie helfen, wenn man meint, man müsse die Zeit
nutzlos im Bett verbringen. Bringen Sie diese Meditation einer
Kranken, Trauernden oder Depressiven als Geschenk mit. Sie hilft,
weil sie auf dem Prinzip von Geben und Empfangen aufgebaut ist.
Wir können nur soviel empfangen, wie wir zuvor gegeben haben.

Mudra – gegen Streß und Anspannung

Können Sie sich eine gestreßte Venus vorstellen? Oder einen Mann bzw. eine Frau, der/die gestreßt, gehetzt und gereizt ist und dabei Sinnlichkeit und Erotik ausstrahlt? Wie viele schöne Stunden des Lebens gehen verloren, weil wir nicht mehr die Muße und die Ruhe haben, das Schöne und Beglückende zu kosten und zu genießen. Der folgende Mudra-Zyklus entspannt und schenkt Ihnen Gelassenheit, Zufriedenheit und Harmonie.

Setzen Sie sich mit geradem Rücken auf einen Stuhl. Die Fußsohlen sind flach auf dem Boden, und die Handinnenflächen liegen auf den Oberschenkeln. Den Kopf lassen Sie nach vorn hängen. Einatmend heben Sie Kopf, Hände und Füße etwas an. Sehr langsam ausatmen, dabei lassen Sie Kopf, Hände und Füße wieder sinken. 7–14mal wiederholen. Sagen Sie dabei:
»Jede unnötige Anspannung löst sich auf wie das Salz im Wasser.«

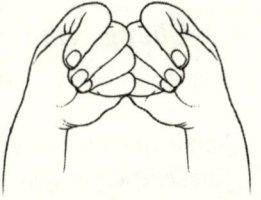

Mit jeder Hand: Sie legen die Daumen an die Wurzel des Zeigefingers, schließen die Hände zu Fäusten und halten die Fäuste circa zwei fingerbreit unterhalb des Nabels an den Bauch. Halten Sie die Hände während einiger Atemzüge so, denn diese Geste begünstigt das Kräftesammeln. Sprechen Sie dabei:
»Meine Lebenskraft und Liebesfähigkeit entwickeln sich, ich sehe das Schöne und kann es in vollen Zügen genießen.«

Nun strecken Sie die Zeigefinger, legen sie
aneinander, heben die Hände zum Brustbein und sagen mehrmals im Rhythmus
des Atems:

> *»Harmonie und Frieden erfüllen mein*
> *Herz, meinen Geist und jede Zelle mei-*
> *nes Körpers.«*

Zum Schluß legen Sie beide Hände – Daumen und Ringfinger liegen dabei aneinander – auf die Oberschenkel und verweilen
noch einige Minuten in der Stille. Sie beobachten den Atem im Wissen, daß das
Herz (Gemüt) mit neuer Energie aufgeladen wird, wenn der Kopf (denkender
Geist) leer ist. Es wird Ihnen leicht ums
Herz, wie man so schön sagt.

> *»Die Liebe des universellen Bewußt-*
> *seins ist meine innewohnende ewig spru-*
> *delnde Quelle.«*

Übungsreihe zur Rückenstärkung und Steigerung der sexuellen Energie

Venus sind die Nieren zugeordnet; sie beeinflussen maßgeblich die
Rückenenergie und die sexuelle Energie. Die folgende Übungsreihe lockert, entspannt und stärkt die Rückenmuskulatur, aktiviert die Rückendurchblutung, stärkt die Nieren und aktiviert die
sexuelle Energie.

1. KRIECHGANG

Vierfüßlerstand; ein Bein vor das andere setzen und so lange vorwärts und rückwärts kriechen, bis Sie angenehm müde sind.

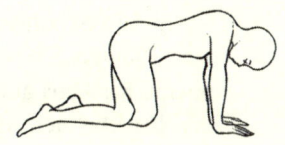

>»Glaube und Hoffnung bestimmen mein Leben.«

2. KATZENSTRECKEN

Vierfüßlerstand; einatmen; den rechten Arm und das linke Bein heben und strecken, zugleich auch den Kopf heben. Ausatmen; rechte Hand wieder aufstellen, Kopf senken, das linke Knie zur Stirn führen und danach wieder abstellen. Einatmen; den linken Arm und das rechte Bein heben usw. 8mal wiederholen.

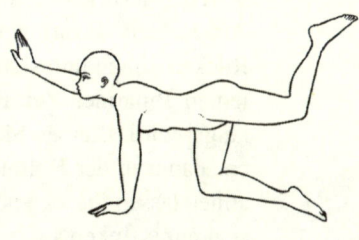

>»Der heutige Tag ist ein Geschenk, ich mache das Beste daraus.«

3 HEUSCHRECKE

Die Hände liegen unter den Leisten (aktiviert den Nierenmeridian). Einatmen; das rechte Bein heben. Ausatmen; das Bein wieder senken. Danach das linke Bein ... 6mal im Wechsel wiederholen. Danach 3mal beide Beine heben und senken.

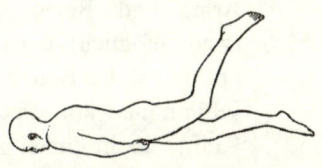

>»Ich spanne an und lasse los; und ich arbeite und genieße – alles im richtigen Maß und zu seiner Zeit.«

4. KOBRA

Die Schultern nach oben und nach hinten
rollen, die Schulterblätter zusammenpres-
sen. Richten Sie sich mit der Kraft des
oberen Rückens auf, und öffnen Sie dabei
den Brustbereich. Halten Sie die Stellung
10 Atemzüge lang.

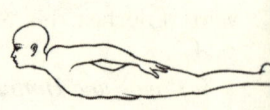

>*Ich vertraue der Kraft meiner Seele –
beherzt blicke ich in die Welt.*«

5. RUHENDER FROSCH

Abgebildete Position einnehmen, in den
Rücken atmen und sich vorstellen, wie bei
jedem Einatmen der Rücken noch etwas
länger wird. Bleiben Sie 15 Atemzüge lang
entspannt in der Haltung. Mit jedem Ausatmen lassen Sie sich noch mehr in die Entspannung sinken.

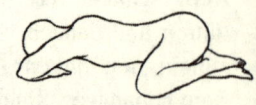

>*Ich finde inneren Frieden und bringe
ihn im Hier und Jetzt zum Ausdruck.*«

6. HUND

Arme und Beine sind durchgestreckt
(wenn möglich). Fersen und Handgelenke
kräftig auf den Boden pressen und das Gesäß himmelwärts strecken. Zeigen Sie die
Kraft, die in Ihnen steckt. Knurren Sie
dabei wie ein Hund. Das tut gut. Sie halten
die Stellung, solange Sie können.

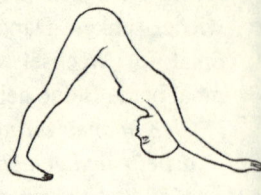

>*Mein inneres Kraftpotential steht mir
überall und jederzeit zur Verfügung.*«

7. KUGEL/BRÜCKE

Knie zur Brust und Stirn an die Knie (Kugel). Einatmen; die Füße auf den Boden stellen, die Arme hinter den Kopf führen und den Rücken anheben (Brücke). Ausatmen; wieder in die Kugelposition kommen. Mehrmals in fließender, langsamer, bewußter Bewegung wiederholen.

>*Ich schöpfe Ruhe und Kraft aus meiner Mitte.*«

Ruhen Sie danach noch einige Minuten in der Rückenlage.

>*Ich bin offen für alles Schöne, es soll mich erfüllen – es soll mich erfreuen.*«

Farbe

Die Farbe der Venus ist Grün. Die Komplementärfarbe ist Rot. Grün ist die Farbe der Natur. In Grün steckt eine innere Kraft, die sich nach außen ausdrücken will – wie das Keimen und Sprießen in der Natur. Grün wirkt wohltuend, entspannend, ausgleichend, und steht allgemein für Wachstum, Erneuerung, Harmonie, Großzügigkeit, Anpassung und kooperative Zusammenarbeit.

Auf der körperlichen Ebene wirkt Grün entspannend auf das sympathische Nervensystem und beeinflußt positiv die Funktionen von Herz und Lunge.

Vielleicht schaffen Sie sich in Ihrer Wohnung eine Ecke in Grün, wo Sie sich entspannen können und zur Ruhe kommen. Auch Zimmerpflanzen oder andere Pflanzendekorationen können diesen Zweck erfüllen.

Musik

Die Musik der Venus ist romantisch. Welche Schlager waren »in«, als Sie sich das erste Mal verliebten? Welche Musik regt all Ihre Sinne an?

Die berühmtesten Komponisten litten oft an Liebeskummer, weil keine Frau aus Fleisch und Blut ihrem Ideal standhalten konnte oder die Begehrte schon vergeben bzw. unerreichbar war. In diesen schmerzlichen Zeiten voller Liebeskummer wurde die zauberhafteste Musik komponiert – Musik mit einem Hauch von Schmerz, Traurigkeit und unerfüllter Sehnsucht, welche die Tiefe unserer Herzen berührt.

Ein ergreifendes Liebesdrama ist unter vielen anderen die Oper *Orpheus und Eurydike* von Christoph Willibald Gluck. Ilse Arnold schreibt dazu: »Es ist Musik, die mich in die tiefsten Gründe meiner Seele führt, die mich weinen läßt voller Schmerz und Friede, die mich in tiefste Verzweiflung stürzt, aber auch in höchste selige Verzückung hebt, mich die Süße der wahren Liebe erahnen und mich erschaudern läßt.« Gluck selbst sagte: »Ich betrachte die Musik nicht nur als eine Kunst, die das Ohr ergötzt, sondern als eines der größten Mittel, das Herz zu bewegen und Empfindungen zu erzeugen.«

Alle Paartänze, ob Walzer, Tango, Cha-Cha- Cha oder Rock 'n' Roll sind der Venus unterstellt.

Zur Venus paßt auch alles, was »swingt« und schwingt: Musicals, Operetten, amerikanische Schlager der 40er–60er Jahre, und natürlich auch die modernen Liebeslieder (z. B. von Madonna). Ein typischer Venus-Pianist ist Eroll Garner. Venus liebt neben dramatischem Liebesepos die leichte Muse – und davon kann sie nie genug bekommen.

Getreide – der Hafer

Hafer war einst der Grundstock unserer Ernährung; das in England so beliebte Porridge ist noch ein Nachklang jener Zeit. Neu entdeckt wurde er wieder von Dr. Bircher, der das Haferflocken-Müsli kreierte. Um die Verdaulichkeit und den vollen Nährwert des Hafers zu erhalten, sollte das Müsli mit Wasser oder Mineralwasser angerührt werden; Milch oder Yoghurt sollte erst danach beigegeben werden. Hafer ist reich an Kalzium, Eisen, Magnesium, Vitamin B1, das für den Stoffwechsel der Nervenzellen von lebenswichtiger Bedeutung ist, und Vitamin E, das sogenannte Fruchtbarkeits- und Verjüngungsvitamin. Hafer sorgt für ein gesundes Darmmilieu, indem es die Giftstoffe aufnimmt, die Säureverhältnisse steuert und die Darmbewegung anregt. Hafer regt die körperliche Leistungsfähigkeit an, stärkt das Durchhaltevermögen und die Widerstandskraft.

Seine antidepressive Wirkung äußert sich in einer gehobenen, heiteren und unternehmungslustigen Stimmung mit Aktionsdrang. Wenn dieser Zustand bei jemandem extrem wird und zu Übermut führt, sagt man nicht umsonst: »Der Hafer hat ihn gestochen.« Aufgrund dieser aktionsfördernden Wirkung ist Hafer das Geheimnis vieler Spitzensportler, er sorgt aber auch für geistige Spitzenleistungen. Hafer weckt auf, macht neugierig und begeisterungsfähig. Dies alles sind bestimmt genügend Gründe, die belegen, warum ein Haferflocken-Müsli morgens rundum guttut.

Rezept

Statt Süßigkeiten zum Kaffee kann auch ein Haferkonfekt gereicht werden; es ist gesund und auch schnell zubereitet. Die »Guetzli« sind für große und kleine Kinder die reinsten Leckerbissen!

Englische Haferflockenguetzli

200 g Butter in einer großen Bratpfanne schmelzen, 120 g Rohzucker, 4 EL Melasse oder Honig, ¼ TL Salz beigeben und bei schwacher Hitze gut vermischen, von der Herdplatte nehmen.

400 g Haferflocken beigeben, gut mischen.

Masse auf viereckiges Blech geben, 1 cm dick verstreichen und glattdrücken, ideale Blechgröße 29x43.

Backofen vorheizen. 10–15 Minuten bei mittlerer Hitze (180 Grad) auf mittlerer Schiene backen.

Kurz auskühlen lassen, aber noch warm in kleine Vierecke, in Guetzli, schneiden.

Variante I: Nach Belieben können 120 g grobgehackte Nüsse oder Mandeln beigegeben werden.

Variante II: 1 TL Nelkenpulver, 2 TL Zimt, 1 Messerspitze Muskat in die flüssige Masse geben.

Variante III: Abschmecken mit Ingwer, Kardamon oder Koriander.

Variante IV: Kleingehackte Datteln, Feigen, Pflaumen oder Aprikosen beigeben.

So können Sie den Freitag am besten nutzen und genießen

- Tun Sie sich freitags etwas Besonderes für sich.
- Leisten Sie sich eine kosmetische Behandlung und/oder ein Schönheitsbad.
- Gönnen Sie sich eine Massage oder eine Yoga-Sitzung.
- Schmücken Sie Ihr Heim mit Grünem und Blumen.
- Besuchen Sie eine Kunstausstellung.
- Rufen Sie Ihre Freundin/Ihren Freund an.
- Gönnen Sie sich einen Liebesfilm oder einen Liebesroman.
- Probieren Sie es doch einmal mit einem Bauchtanz.
- Gestalten Sie einen sinnlichen Abend.
- Beschenken Sie jemanden mit einer kleinen Kostbarkeit.

Laßt uns Pfade gehen,
die zu großen Horizonten führen.
Carl Jacob Burckhardt

Samstag

Tag des Saturns

Dem Samstag wird der Saturn zugeordnet. In alten Schriften und im Volksbrauchtum wird Saturn auch mit dem Sensenmann, dem Gevatter Tod oder Satan in Beziehung gebracht. Satan ist die Kraft, die uns mit dem Dunkeln und Schweren, mit dem Materiellen und mit dem Tod verbindet. Satan verkörpert andrerseits auch Luzifer, den Lieblingsengel Gottes, den Lichtbringer, der in die Verdammnis verbannt wurde. Licht und Dunkelheit gehören als Gegenpole zusammen, und das eine kann nur durch das andere existieren. So verkörpert Saturn einerseits die Macht der Dunkelheit und andererseits die Macht des Lichts. In der griechischen Mythologie entspricht Chronos Saturn.

Saturn ist ein dunkler Geselle und kann durch seine Strenge und Ernsthaftigkeit den Menschen arg bedrängen. Aber er kann ihn auch vor vielem bewahren, was vorerst verlockend aussieht und doch nicht hält, was es verspricht. Er kann dem Menschen aus tiefster Dunkelheit und Schwere den Weg zum Licht zeigen und ihm wie kein anderer helfen, seinen Lebenssinn zu erfüllen. Er ist der Hüter der Schwelle in höheren Dimensionen – mit ihm schaffen wir den Durchbruch in neue Welten.

Saturn ist der Herrscher über die Zeit, beispielsweise über die Lebensdauer, das Alter. Wie Altern, Verfall und Tod gefürchtet und aus den Gedanken der Menschen verbannt werden, so wird auch die Macht des Saturn gefürchtet. Wenn wir aber das Altern und den Tod akzeptieren, können wir uns Saturn zum Verbündeten machen. Dann hilft er uns, einen schönen Lebensabend zu gestalten und eines würdigen Todes zu sterben.

Auch wenn man noch nicht »alt« ist, ist es wichtig, sich mit diesem Thema auseinanderzusetzen. Wer oder was wäre z. B. jetzt in diesem Moment für Sie noch von Bedeutung, wenn Sie nur noch einen Tag, eine Woche oder ein Jahr zu leben hätten? Was würden Sie ändern?

Auch der Samstag ist das Ende der Woche, und was wir während der Woche aus Zeitgründen nicht schafften, können wir samstags noch erledigen. Wir können den Samstag vertrödelnd hinter uns bringen oder bewußt gestalten – ebenso auch unseren Lebensabend.

Viele machen den Samstag zum Einkaufstag, und das entspricht der Energie des Saturn voll und ganz, denn wie beim Jupiter geht es auch hier um das Materielle. Aber jetzt wird nicht aus lauter Freude etwas angeschafft, sondern weil das Materielle und auch das Geld vermeintliche Sicherheit vermitteln. Sparen für den Lebensabend ist schön und gut, aber das Anhäufen von Geld, um damit dann »Glücklichsein« zu gewährleisten, wird meistens zum Frust oder bringt Enttäuschung. Nicht umsonst spricht man vom »Altersgeiz«.

Die Stärken des Saturn, die uns hier und jetzt zur Verfügung stehen, sind Ausdauer, Disziplin, Beständigkeit und Härte. Er schenkt uns die Ausdauer, die uns befähigt, etwas durchzustehen, sowie eine wohltuende Beständigkeit und Disziplin, die uns inneren Halt gibt, eine gewisse Härte, die uns für das Leben stark macht. Er erzeugt auch die Verlangsamung, die uns zwingt, innezuhalten und nachzudenken. Jeder Veränderung stellt sich Saturn in den Weg. Er zwingt uns, nochmals hinzuschauen, zwingt uns, gegebenenfalls etwas abzubauen oder sich für das Neue besser vorzubereiten. Er hat seine liebe Mühe mit allem Neuen und mit dem Fremden.

Saturn steht auch für das Schaffen von Abgrenzungen. Oft müssen wir uns abgrenzen, müssen uns hin und wieder von der

Umgebung abschotten, besonders wenn wir das Alleinsein brauchen oder weitere Belastungen nicht mehr annehmen wollen oder können. Am Samstag wegfahren, um der gewohnten Umgebung zu entliehen, um wieder aufzutanken und über das Wesentliche nachzudenken, kann wie Balsam sein für Körper, Geist und Seele. Überbordet aber die Abgrenzung, dann kann ein Rückzug aus der Welt auch zur Sucht und Flucht werden oder eine kleine Einfriedung zu einem großen Turm, in dem man sich versteckt und von der Außenwelt abtrennt. Dadurch wird sie immer fremder, und man fängt an, sich mehr und mehr vor ihr zu fürchten. Besonders übers Wochenende fühlen sich viele einsam oder getrauen sich nicht mehr unter die Menschen.

Allgemein obliegen Grenzen Saturn. Er ist der letzte mit bloßem Auge sichtbare Planet – er ist wie ein Grenzstein zwischen der sichtbaren und der unsichtbaren Welt. Grenzen werden heute meistens negativ als Hindernisse, Widerstände und Beschränkung betrachtet. Das muß jedoch nicht so sein, denn Grenzen geben einer Sache erst Struktur und Form. Begrenzungen bringen Tiefe in unser Leben; Hindernisse und Widerstände festigen und stärken uns, wenn wir sie, falls nötig, akzeptieren oder überwinden und durchbrechen. Auch ich tue mich schwer mit Hindernissen und Widerständen. Geduld wurde mir nicht in die Wiege gelegt. Aber rückblickend kann ich sagen: Bei allen Rückschlägen, die ich erlebt habe, erging es mir wie beim Etwas-nach-vorn-Werfen. Ich mußte zuerst einen Schritte zurückgehen, nahm dann einen neuen Anlauf und landete weit vorn über der erhofften Grenze. Geben Sie nicht auf, wenn Sie etwas bremst oder sogar zurückschlägt, halten Sie inne, denken Sie nach. Vielleicht ist das, was Sie wollen, nicht gut für Sie, dann geben Sie auf; vielleicht bringt der neue Anlauf etwas ganz Großes ins Rollen – dann preschen Sie vor. Ich drücke Ihnen die Daumen!

Eine gewinnbringende Eigenschaft ist auch die saturnische Konzentration. Die Konzentration auf weniges oder nur auf eine einzige Sache bringt Tiefe und Vollkommenheit. Die Konzentration auf das Wesentliche und die Aussonderung von Unwesentlichem kann sehr entlastend und befreiend sein, kann Schwere in Leichtigkeit verwandeln. Der Perfektionismus, der zum Saturn gehört, kann allerdings vieles wieder zerstören.

Zum Saturn gehört das Gefühl des Schicksalhaften, dem man nicht ausweichen kann, das man aushalten muß, wie man oft irrtümlicherweise meint. Mit dieser Einstellung verpaßt man allerdings die Gelegenheit, nach Lösungen zu suchen. Warum nicht eine ruhige Minute am Samstag dafür reservieren?

Saturn wird auch in Bezug gesetzt zum biologischen Vater oder dessen Archetyp. Für ein Kind ist der Vater die Person, welche die Außenwelt mit ihren Gesetzen und Verhaltensvorschriften verkörpert. Das Kind lernt, wie es sich verhalten muß oder was es braucht (u. a. auch Statussymbole), damit es von der Gesellschaft anerkannt wird. Als Lohn wird ihm ein Gefühl der Geborgenheit und Zugehörigkeit vermittelt. Gesellschaftsstrukturen können aber auch einengen, wenn die Tradition zu feste Formen annimmt.

Saturn obliegt die Erstarrung – im Menschen wie auch in der Gesellschaft – und das Zerbrechen. Es ist kein Zufall, daß gerade in der Samstagnacht so viele Gewalttaten begangen werden oder brave Bürger ihr Geld verprassen. Vor einigen Jahrzehnten war es noch üblich, daß junge Burschen sich samstags rauften. Am Sonntagmorgen saßen sie dann wieder friedlich in der Kirchenbank.

Saturn wird auch vielfach als der Gebieter über das Karma, das Prinzip von Ursache und Wirkung bezeichnet. So gehen auch heute noch Katholiken gerne am Samstag zur Beichte. Saturn bestraft nicht, er läßt uns vielmehr alles, was wir durch falsches Denken, Sprechen und Handeln ausgelöst haben, an uns selbst erleben, erfahren. Er zwingt uns, die Spielregeln des Universums einzuhalten oder die Konsequenzen daraus zu ziehen. Wann und wie dies geschieht, ist ein Mysterium, das uns oft verborgen bleibt. Daß es geschieht, ist so sicher wie der Planet Saturn am Himmel steht.

Saturn herrscht über das Grobstoffliche wie auch über die Gesellschaft. Wir haben dieses Leben gewählt, haben uns in das Grobstoffliche inkarniert, uns eine bestimmte Gesellschaft ausgesucht, um unsere Dienste dort zu leisten. Unsere spirituelle Aufgabe besteht darin, Materie und Gesellschaft zu transformieren. Anders ausgedrückt: Wir sollten selbst ein Lichtbringer sein in unserer Welt, in der inneren und äußeren, in unserer kleinen wie auch in unserer großen Welt.

Saturn zeigt uns den besten und effektivsten Weg zur Verwirklichung dieser Lebensaufgabe. Er schenkt uns eine umsichtige und überlegte Lebenshaltung, die nötige Konzentration, Ausdauer und Disziplin, bei einer Sache zu bleiben und sie zu vollenden, und schenkt uns schließlich tiefste Freude und Frieden.

Zum Saturn gehört auch die Reinigung, die Läuterung. Früher wurden samstags Haus und Hof gründlich geputzt, und man ging zur Beichte. So können wir heute noch am Samstag innerlich und äußerlich aufräumen, Wochenrückblick halten, uns und andern wenn nötig vergeben, unsere vergangenen Leistungen bewußt anerkennen und Fehlleistungen als wichtige Lernprozesse betrachten. Fragen Sie sich, was Sie nächste Woche besser machen wollen. Werfen Sie Verbrauchtes über Bord und durchschreiten Sie leichten Herzens das Tor zur kommenden Woche.

Der positive Saturneinfluß:
Disziplin, Treue, Ausdauer, Beständigkeit, Härte, Vorsicht, Macht, Verlangsamung, Schutz, Rationalismus, Abgrenzung, Verdichtung, Konzentration, Perfektion, Vollkommenheit.

All diese positiven Begriffe können durch ein kleines bißchen Zuviel ins Negative kippen.

Der negative Saturneinfluß:
Furcht, Beklemmung, Geiz, Materialismus, Beschränktheit, Konservatismus, Kritiksucht, Dramatik, Vorurteil, Enttäuschung, Stagnation, Isolation, Trauer.

In Verbindung treten
mit der kosmischen Kraft des Saturns

Es gibt ein archetypisches Bild, das in den Märchen aller Kulturen vorkommt. Es ist das Bild des Helden oder der Heldin, der/die an einem Tor steht und nur eingelassen wird, wenn eine gestellte Aufgabe gelöst oder aller Ballast abgegeben wurde und wenn das Herz rein ist.

Auch wir kommen öfters an neue Tore in unserem Leben, sei dies, daß ein neuer Lebensabschnitt beginnt, eine neue Herausforderung an uns gestellt wird oder wir einfach unser Leben (die kommende Woche) neu gestalten möchten oder »müssen«. Es ist sinnvoll, wenn Sie dann vorher innehalten und sich fragen, was das Beste für Sie ist. Ihr innerer Saturn berät Sie gerne, wenn Sie bereit sind zuzuhören.

Sie setzen oder legen sich bequem hin und kommen mit 10 tiefen Atemzügen in Ihr Innerstes. Stellen Sie sich vor:

 *Sie machen eine Wanderung durch einem dunklen Wald und sind von dem unendlich langen, nicht enden wollenden Marsch müde und schmutzig ... Sie tragen einen schweren Rucksack, der Sie drückt, und Sie kommen nur schleppend voran ... Sie kommen an eine Mauer, die durchbrochen wird von einem gigantischen Tor aus Blei. Sie klopfen an, setzen sich hin und warten ... Nun kommt ein schnittiger Wagen des Weges. Vor dem Tor hält er, die Wagentür wird geöffnet, und ein wunderschöner, etwas verwegen aussehender Mann steigt aus (sind Sie männlichen Geschlechts, stellen Sie sich eine wunderschöne verführerische Frau vor) ... Die Gestalt kommt auf Sie zu und sagt: »Komm, steig in meinen Wagen. Wir wollen uns eine schöne Zeit machen. Sag mir einen Wunsch, ich werde ihn dir sofort erfüllen.« Sie fragen: »Und was wird mich das kosten?« »Alles ist gratis!« antwortet er.*

*Sie fragen zurück: »Wird mich die Erfüllung des Wunsches glück-
lich machen?« Es gibt einen Knall, und Person und Wagen haben
sich in Feuer und Rauch aufgelöst. Das Tor öffnet sich, und ein
Mann mit weißen Haaren, gütigen weisen Augen und liebevollem
Lächeln steht unter der Tür – Sie stehen Saturn gegenüber. Er
heißt Sie willkommen und setzt sich mit Ihnen auf die Bank direkt
neben dem Tor. Er sagt: »So schmutzig wie du bist, kann ich dich
nicht einlassen. Geh ein kleines Stück des Weges wieder zurück,
dann nach links, dort findest du einen Brunnen, wo du dich waschen und dein Gewand säubern kannst. Nimm nur das im Gepäck
mit, was du wirklich brauchst, denn alles wird hier in meinem
Reich 7mal schwerer wiegen.« Müden Schrittes gehen Sie also
wieder zurück, finden den Brunnen und reinigen sich gründlich.
Mit der Reinigung haben Sie das Gefühl, daß Ihre Müdigkeit ver-
schwindet. Sie öffnen Ihren Rucksack, um zu sehen, ob Sie nicht
etwas am Brunnen lassen können ... Kinder kommen vorbei, die
Ihre Schätze bestaunen – Sie fühlen sich nun so sauber, so leicht,
daß Sie all Ihr Hab und Gut verschenken. Befreit und beschwingt
gehen Sie zum Tor zurück. Saturn erwartet Sie und lacht: »Wo hast
du dein Gepäck? Ohne Gepäck kannst du mein Reich nicht betreten.« »Ich bringe mich mit«, antworten Sie, »das genügt! Der
Mond schenkte mir nützliche Erfahrung, Mars schenkte mir
Talente, Tatkraft und Unternehmungslust, Merkur schenkte mir
einen klugen Kopf, Jupiter schenkte mir Zukunftsvisionen, Venus
schenkte mir die Liebe. Genügt das nicht, um in deinem Reich ein
neues Leben zu beginnen, ein Leben, das meiner Seelenaufgabe
entspricht und der Gesellschaft dient?« Er nimmt Ihre Hände, und
Sie spüren seine Energie, die auf Sie übergeht ... »Du hast recht«,
antwortet er. »Zeige mir, was du kannst, und dann schenke ich dir
Disziplin, Ausdauer, Geduld und Erfolg. Du wirst belohnt werden
mit innerem wie äußerem Reichtum.« ... Sagen Sie nun 7mal:*

»Ich bin eins mit dem vollkommenen Leben, mit der vollkommenen Liebe, Weisheit und Substanz.«

Vielleicht haben Sie noch Fragen in bezug auf Ihren neuen Lebens-abschnitt. Stellen Sie jetzt diese Fragen ... Bleiben Sie noch eine Weile in der Stille, und vertrauen Sie darauf, daß jetzt oder zu ge-gebener Zeit die Fragen beantwortet werden ... Lassen Sie dann das Bild erblassen. Danken Sie zum Schluß für alles, was Sie sind, können und haben; und freuen Sie sich schon jetzt auf das Gute, das die nächste Woche für Sie bereithält.

Meditationen für den Samstag

Saturn ist der Herr über das Karma, d.h. über das Gesetz von Ur-sache und Wirkung oder, wie es der Volksmund sagt: »Die Suppe, die man sich einbrockt, muß man auch selbst wieder auslöffeln.« Den größten Teil brocken wir uns unbewußt ein, oder wir werden von einer inneren Macht dazu getrieben. Diese innere Macht fürch-ten wir, und solange wir sie fürchten, wird sie uns auch immer wie-der manipulieren können; sei es, daß sie uns zu etwas treibt, was wir gar nicht tun wollen, sei es, daß sie in uns eine Krankheit ver-ursacht, uns mit einer Sucht in den Klauen hält oder etwas, das wir aufgebaut haben, wieder zerstört. Viele haben Angst, zur Ruhe zu kommen, Angst, nach innen zu schauen, Angst, sich etwas zu gön-nen oder eine Beziehung aufzubauen. Viele fügen sich verbal oder körperlich Schmerzen zu oder lassen sich Schmerzen zufügen (be-wußt oder unbewußt), weil sie meinen, sie hätten es verdient und könnten damit etwas büßen.

Die Saturnenergie kann uns helfen, in die Tiefe zu kommen, kann uns den dunklen Mächten gegenüberstellen, und sobald sie erkannt werden, verlieren sie jede Macht über uns. Satan, der Herr-scher der Hölle, wird die dunkle Macht in uns genannt. Aber er ist auch Luzifer der Lichtbringer, der Lieblingsengel Gottes. Egal wie, wann und wo wir je gefehlt haben, es muß nicht »nur« schlecht sein, es kann uns auch ein Trittbrett auf der Leiter zum Licht sein.

Im Laufe der Jahre habe ich viele dunkle Seiten in mir aufgedeckt; dadurch haben sich die meisten Probleme, die ich mit mir selbst oder mit den Mitmenschen hatte, aufgelöst. Auch Ihnen möchte ich schlicht und einfach Mut zur Innenschau machen, weil sie sich lohnt: Sie öffnet Ihnen neue Tore – Tore, die in ein Leben voller Freude, Liebe, Sinn, Leichtigkeit und Licht führen.

Schattenseiten integrieren

Mit der folgenden Meditation können Sie zweierlei erreichen: einerseits dunkle Seiten in sich aufdecken und bewußtmachen, andererseits das innere Licht entfachen, das Sie körperlich vitalisiert, Ihnen seelische Wärme gibt und geistige Klarheit und Helligkeit schenkt. Sie werden das Leben und seine Herausforderungen »in neuem Licht« sehen. Licht hat auch etwas zu tun mit der Kraft, die uns hilft, weiterzugehen, die uns führt und uns Frieden und Freude empfinden läßt.

Nehmen Sie Ihre Meditationshaltung ein (siehe Seite 24), oder legen Sie sich hin. Stellen Sie sich vor:

 *Sie sitzen tief unter der Erde in einem Kellergewölbe. Nur eine kleine Kerze flackert unruhig. Durch das Feuer wird der Raum ausgeleuchtet, und die unruhigen Flammen werfen Schattenbilder an die Wände. Dieses Dämmerlicht und diese Schatten sehen zum Fürchten aus, und doch: Es sind nur Schatten, und was können Ihnen Schatten schon anhaben … Sie nehmen nun die Kerze, stellen sie vor sich hin, schützen die Flamme mit der Hand und atmen einige Male tief und langsam ein und aus. Die Flamme wird ruhig, und die Schatten verschwinden. Nun sehen Sie auch eine Treppe, die nach oben führt. Der Keller symbolisiert Ihre tiefsten Seelenschichten, und sie nutzen die Gelegenheit, diese zu erforschen. Bitten Sie nun Ihre innere Weisheit 7mal:*

»Zeige mir, was mich hindert, so zu sein, wie ich in Wirklichkeit bin.« *Oder:* »Zeige mir, was diese Krankheit (Sucht) verursacht hat, und was dies bedeutet und bewirkt.«

Lenken Sie nun Ihre Achtsamkeit wieder auf die Kerzenflamme und Ihren Atem, und warten Sie geduldig auf die Antwort ...
Stellen Sie sich ein Haus oder einen Tempel mit einem mittleren Hauptraum und vielen Nebenräumen vor. Der Tempel symbolisiert Ihr mittlere Seelenschicht. Im Hauptraum brennt in einem Becken ein Feuer, das Sie mit jedem Ausatmen neu entfachen und immer größer werden lassen. Das Licht zeigt Ihnen, wie die Räume aussehen und was sich darin befindet ... Bitten Sie nun Ihre innere Weisheit 7mal:

»Zeige mir, was mich hindert, so zu sein, wie ich in Wirklichkeit bin.« *Oder:* »Zeige mir, was diese dunkle Stimmung bewirkt und bedeutet.«

Lenken Sie Ihre Achtsamkeit auf das Feuer und Ihren Atem, und warten Sie geduldig auf die Antwort ...
Stellen Sie sich nun einen Raum hoch oben in einem hohen Turm vor. Er symbolisiert Ihre oberste Seelenschicht. Rund herum sind große Fenster und draußen ist dunkle Nacht. Da der Himmel wolkenlos ist, können Sie die Sterne sehen ... Denken Sie über die Größe des Kosmos nach; und denken Sie über das Universum nach, das auch in Ihnen ist. Lassen Sie sich von diesem Mysterium beeindrucken. Machen Sie sich Ihre eigenen immensen Kräfte bewußt, die Sie bisher nicht gekannt haben, die aber immer für Sie da sind. Wie das Sternenlicht die Dunkelheit des Universums durchbricht, so sind auch unsere Lichtkräfte immer stärker als die Kräfte der Dunkelheit. Lassen Sie sich von ihnen helfen. Frage Sie nun Ihre innere Weisheit 7mal:

»Was bringt mir Klarheit, mich selbst im richtigen Licht zu sehen? Was ist das Wesentliche in meinem Leben? Was soll ich tun und/oder lassen, um meine Lebensaufgabe mit Leichtigkeit und Licht zu erfüllen?«

Sie schauen in den nächtlichen Himmel und sehen zu, wie die Sonne langsam aufgeht. Lenken Sie nun Ihre Achtsamkeit auf die aufsteigende Sonne und Ihren Atem, und warten Sie geduldig auf die Antwort.

Dem Licht muß die Dunkelheit weichen

Ein Leben ohne Trauer, ohne Sorgen, ohne Enttäuschungen oder Widerstände, ein Leben ohne dunkle Zeiten ist wie ein Leben ohne Tiefe. Jede Depression, egal in welchem Ausmaß sie auftritt, ist wie ein Labyrinth oder – noch schrecklicher – wie ein Gefangensein in der Dunkelheit. Viele kennen in diesen Zeiten auch die damit verbundene Todessehnsucht – die Sehnsucht, aus der Dunkelheit auszubrechen, um ins Licht einer neuen Dimension zu kommen. In dunklen Zeiten ist es wichtig, sich nach dem Licht auszurichten, in sich selbst ein Licht zu entzünden und sich vom kosmischen Licht aus der Dunkelheit führen zu lassen.

Nehmen Sie Ihre Meditationshaltung ein (siehe Seite 24), oder legen Sie sich hin. Stellen Sie sich vor:

 *Tief unten in Ihrem Becken brennt ein Feuer. Währen Sie einatmen, lenken Sie Ihr Bewußtsein vom Beckenboden zum Bauch. Sie halten die Luft einige Sekunden an, und während Sie ausatmen, lenken Sie das Bewußtsein wieder nach unten zum Beckenboden ... Nun lassen Sie auch die Flammen des Feuers beim Einatmen zum Bauch hochsteigen und das Feuer mit jedem Atemzug intensiver werden, immer mehr Flammen züngeln nach oben. Becken- und Bauchraum sind voller Licht. Sprechen Sie dabei 7mal:*

»Mit jedem Atemzug füllen sich meine Zellen mit Kraft und Lebendigkeit.«

Mit den nächsten Atemzügen lassen Sie das Feuer größer werden, so daß der ganze Brustraum feurig und heiß wird. Sprechen Sie dabei 7mal:

»Mit jedem Atemzug wird es in meiner Seele warm und leicht.«

Zum Schluß lassen Sie die Flammen weit über den Kopf hinaufsteigen, bis der Kopf hell und leuchtend wird. Sprechen Sie dabei 7mal:

»Mit jedem Atemzug wird mein Geist heller und klarer.«

Das Tor zur neuen Woche öffnen

Saturn ist der Herr der Tore. Auch wir kommen im Leben immer wieder an Tore – sei es, daß ein neuer Lebensabschnitt, eine neue Herausforderung beginnt oder daß wir einfach die neue Woche etwas anders gestalten möchten. Es ist sinnvoll, bewußt an einem solchen Zeitpunkt innezuhalten und zu fragen, was das Beste für uns ist, was wir mitnehmen oder zurücklassen sollten, was wir tun und was wir lassen sollen, wo wir allenfalls Hilfe bekommen, was für uns wichtig und stimmig ist und was nicht. Saturn berät uns gerne – darin ist er Experte.

Die folgende Meditation ist ein guter Einstieg in die nächste Woche.

Nehmen Sie Ihre Meditationshaltung ein (siehe Seite 24), oder legen Sie sich hin. Stellen Sie sich vor:

 *Sie sitzen auf einer Bank, die auf der linken Seite vor einem großen Tor steht. Überdenken Sie nochmals in aller Ruhe Ihre letzte Woche (oder Ihren letzten Lebensabschnitt) ... Was ist Ihnen besonders gelungen? ... Was hat Ihnen Mühe gemacht? Wo und wie haben Sie Hilfe erhalten? ... Wem haben Sie geholfen und/oder etwas zuliebe getan? ... Nun gehen Sie zum Tor, öffnen und durchschreiten es und setzen sich wieder auf eine Bank, diesmal aber auf der rechten Seite des Tors ... Sie fahren mit Ihren Überlegungen fort: »Was möchte ich in Zukunft ändern?« Setzen Sie nun einen Schwerpunkt für die nächste Woche ... Es braucht keine große Sache zu sein, aber etwas, in das Sie Ihre ganze Energie setzen und wo Sie mit ganzem Herzen und vollem Verstand dabei sind ... Planen Sie neben Verpflichtungen auch Mußestunden für sich allein ein ... Planen Sie etwas, worauf Sie sich besonders freuen können, ein Geschenk, das Sie sich oder jemandem machen ... Stellen Sie nun einen Wochenplan auf, und bitten Sie Saturn, Ihnen dabei zu helfen ... Bleiben Sie noch einige Minuten in der Stille, und lassen Sie das Bild verblassen.*

Schreiben Sie jetzt den neuen Wochenplan auf!

Mudra – zur Aktivierung der Chakraenergie

Mit diesem Zyklus werden die Chakras wie Batterien aufgeladen. Ich mache ihn am liebsten abends vor dem Einschlafen. Vielleicht kennen Sie diesen unangenehmen Zustand auch: Sie sind einerseits müde und schlapp, innerlich aber unruhig, wie aufgedreht. Mit dieser Mudrafolge, die wie alle andern auch eng an den Atem gekoppelt ist, erreiche ich eine wunderbare Tiefenentspannung: Ich werde zuerst herrlich schlapp und schlafe dann ein. Übe ich diesen Zyklus tagsüber, bleibe ich 10–20 Minuten liegen oder sitzen, recke und strecke mich danach kräftig (das ist sehr wichtig, wenn man sich wieder den Tagesgeschäften zuwenden will) und fühle mich dann wieder munter, erfrischt und unternehmungslustig.

Sie nehmen eine aufrechte und zentrierte Sitzhaltung ein oder legen sich auf den Rücken.

Sie lassen Arme und Hände nach unten baumeln und machen 7 tiefe Atemzüge, beim Ausatmen durch den Mund seufzen Sie leise oder laut. *Stellen Sie sich dabei vor, wie Sie verbrauchte Energie als dunkle Rauchschwaden ausatmen. Rauch entströmt Ihrem Mund und aus allen Poren Ihres Körpers.*
    Sie legen nun die linke Hand ganz ohne Druck auf das Schambein und die rechte Hand auf die linke (sind Sie männlichen Geschlechts, dann legen Sie die rechte Hand auf das Schambein und die linke Hand auf die rechte). Nun beginnen Sie mit der Yoga-Atmung, d. h., Sie atmen tief ein, halten den Atem circa 3 Sekunden an und atmen langsam wieder aus. Machen Sie in gleicher Weise 14 Atemzüge.

Legen Sie nun die rechte Hand direkt unterhalb des Nabels auf den Bauch, die linke darüber (Männer umgekehrt), und machen Sie wieder 14 tiefe Atemzüge.

Sie legen danach die Hände auf den Solarplexus und atmen auf gleiche Weise – danach auf das Brustbein – auf den Kehlkopf – auf die Stirn – und zuletzt auf das Schädeldach.

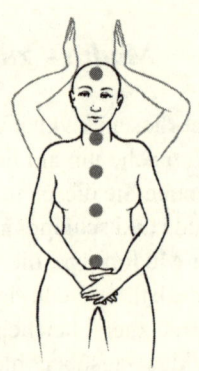

Nun legen Sie Daumen- und Zeigefingerbeere der rechten Hand aneinander, den Daumen der linken Hand dazu und umfassen mit der linken Hand die rechte. Bleiben Sie noch einige Minuten so sitzen oder liegen, und beobachten Sie weiterhin den Atem. Halten Sie alle Sinne auf den Atem gerichtet, und versuchen Sie sich immer tiefer in die kleine Pause nach der Ausatmung zu versenken. In diese Pause hinein denken oder sprechen Sie:

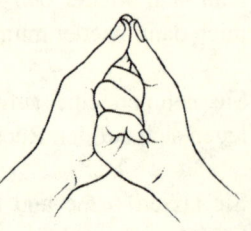

»Ich lasse mich ein in die Leere, woraus sich neue Fülle entfaltet.«

Oft denke ich statt dessen ein christliches Mantra, das mir besonders viel bedeutet und mir schon oft aus einer Stimmung der Traurigkeit oder Angst geholfen hat:

»Dein ist das Reich und die Kraft und die Herrlichkeit in Ewigkeit. Amen.«

Nach einigen Atemzügen denke ich dann nur noch das *»Amen«*, das ja soviel heißt wie: *»So sei es.«*

Übungsreihe für die Beweglichkeit der Gelenke

Saturn wirkt in der Milz, in Haut und Knochen und auch in den Gelenken. Bewegen wir ein einzelnes Gelenk langsam, fließend und intensiv nur 8mal, dann bringen wir damit schon den Stoffwechsel in Gang. In den Gelenkknorpeln wird dadurch eine Lösung produziert, die das Gelenk nährt, schmiert und reinigt. Die Bänder, die um die Gelenke eine schützende Hülle bilden, bleiben elastisch, die Muskeln werden gestärkt und gelockert und auch die Haut des betreffenden Körperbereichs wird bewegt bzw. gedehnt und gepreßt.

1. BÄR

Zuerst schütteln Sie die Füße und Hände einige Sekunden lang, dann kreisen Sie Fuß- und Handgelenke in langsamer, fließender Bewegung, bis Sie angenehm müde werden.

»*Ich lasse mich ein in das Spiel des Lebens und genieße es.*«

2. ARME BEUGEN UND STRECKEN

Einatmend Arme strecken. Ausatmen, Arme beugen und die verschränkten Hände an das Brustbein legen, 8mal.

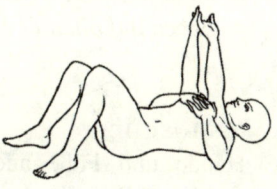

»*Mein Herz bestimmt meine Handlungen.*«

3. KROKODIL AUF DER UHR (SCHULTERGELENK)

Sich auf die linke Seite legen, und das rechte Knie zur Brust ziehen. Nun mit dem rechten Arm, der ganz locker ist, auf dem Boden einen großen Kreis zeichnen. Der Blick folgt der Hand. Sie malen ein Zifferblatt. Jeden Arm 8mal.

»*Ich öffne mein Herz den Schätzen der Zukunft.*«

4. BEINKREISEN (HÜFTGELENK)

Eine Bein nach oben – zur Seite – nach vorn – zur Gegenseite und wieder nach oben führen. Jede Seite 8mal.

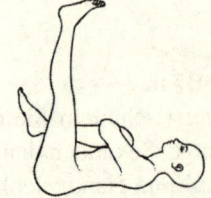

»*Sicher und geschützt bin ich auf dem Weg zum höheren Ziel des Lebens.*«

5. BEINE BEUGEN UND STRECKEN

Einatmend ein Bein strecken, dabei die Ferse wegdehnen. Ausatmend das Bein beugen und locker werden lassen – 8mal; danach das andere Bein …

»*Meine starken Beine bringen mich im Leben auf allen Ebenen weiter.*«

6. MUSCHEL

Hände und Füße aneinanderlegen bzw. -stellen. Mit jeder Ausatmung die Hände und die Knie einige Zentimeter öffnen.

»*Ich öffne mich dem Licht, dem Frieden und der Freude.*«

Bleiben Sie danach noch einige Minuten in der Rückenlage, und genießen Sie die wohltuende Ruhe.

»Freiheit, Freude und Frieden strömen aus meiner Mitte und erfüllen Körper, Geist und Seele.«

Farben

Die Farben des Saturn sind Schwarz, Dunkelblau und Violett. All diese dunkeln Farben können uns Geborgenheit und Schutz verleihen. Schwarz ist eine Farbe, die Menschen unbewußt bei einem neuen Lebensabschnitt bevorzugen (z. B. Pubertät, Trauer). Wird Schwarz mit einer anderen Farbe kombiniert, verstärkt sie die Wirkung dieser Farbe, wie z. B. beim »kleinen Schwarzen«, das mit Goldschmuck, knallroten Lippen und Fingernägeln besonders sexy wirkt.

Auch Dunkelblau ist eine typische Schutzfarbe, eine Farbe, die Treue, Hingabe, Tiefe und Stille verkörpert. Blau löst Gefühle des Vertrauens und des Friedens aus, bringt Gelassenheit und löst Streßsymptome auf. Zuviel Blau kann allerdings auch Benommenheit und Trägheit oder Melancholie verursachen. Blau ist auch die Farbe der Sehnsucht und paßt darum ausgezeichnet zu Saturn.

Violett ist die Farbe der Würde, der Wandlung, der Demut, der Bescheidenheit und der Mystik. Zuviel Violett äußert sich in Vergeßlichkeit, Stolz, Rücksichtslosigkeit, Streitsucht und einem Mangel und Durchhaltevermögen.

Es kommt beim Tragen all dieser Farben auf das richtige Maß und die richtige Kombinationen an. Eine schöne, geheimnisvolle Note verleihen Schals, Schmuck, Gürtel oder Socken – alles in Violett. Vielleicht habe Sie die Möglichkeit, sich einen Raum oder eine Ecke für spirituelle Übungen und Meditationen zu gestalten – einen persönlichen Rückzugsort. Dann sollte Violett in allen Nuancen nicht fehlen, z. B. violette Kerzen, Steine, Kissen …

Musik

Die Samstagsmusik wird von tiefen, dunkeln Tönen beherrscht. Der Baß und andere Instrumente, die eine Musik tragen und den Untergrund schaffen, eigenen sich hervorragend.

Orgelmusik, sakrale Musik im allgemeinen, ruhiger, ernster Jazz, Gospels, die Tod und Wiedergeburt besingen und Sklavenlieder der afro-amerikanischen Bevölkerung passen zum Saturn.

Viele Musiker der Klassik haben jahrzehntelang mit den schrecklichsten Krankheiten gelebt, haben dem Tod schon Jahre vor dem Ende direkt ins Auge geschaut und dabei die gewaltigsten und ergreifendsten Kompositionen geschrieben (Amadeus Mozart: *Die Zauberflöte*, sämtliche Werke von Maurice Ravel, die letzten Quartette von Ludwig van Beethoven und *Der Erlkönig* von Franz Schubert z. B.). Es sind nicht nur traurige Werke daraus entstanden, sondern Kompositionen, die Leid *und* Freude zugleich ausdrücken. Freude und Leid liegen nah beieinander, und das eine kann leicht in das andere übergehen. So kann uns gerade diese Musik durch die schwersten Zeiten helfen. Sie kann uns Tür und Tor öffnen in andere Dimensionen – in Sphären voller Licht und Freude.

> *Das Auge ist der Spiegel der Seele,*
> *aber das Ohr ist das Tor zur Seele.*
> Indisches Sprichwort

Getreide – der Mais

Der Mais, das Getreide der Indianer, gehört zum Saturn. Mit »dem Indianer« verbinden wir enorme Ausdauer, Besonnenheit, Verbundenheit mit der Natur und Ernsthaftigkeit – alles Eigenschaften, die zur Saturnenergie gehören. Im Vergleich zu den anderen Getreiden ist der Mais schwer und grob und entspricht dem melancholischen Temperament.

Sehr bemerkenswert sind der hohe Anteil an Zucker und Vitamin A. Da dem Mais das vollwertige Eiweiß fehlt, sollte dazu ein Eiweißlieferant, z.B. Bohnen, gegessen werden. Allergiker sollte mindestens einmal pro Woche Mais essen, weil er an und für sich gut verträglich ist und Reizungen neutralisiert. Mais war für die Indianer nicht nur die Hauptnahrung, sondern auch eine wichtige Medizin. Sie sagten: »Ist das Fleisch krank, bringt der Mais heilsame Lebenskraft. Bei Krankheit darf nur noch Mais gegessen werden, denn sie ist die Pflanze mit der stärksten Lebenskraft.« Vielleicht denken Sie an diesen Spruch, wenn Sie morgens Ihre Cornflakes essen.

Rezept

Mais-Pizza
3 kleine Tassen Wasser mit etwas Fleisch- oder Gemüsebrühe aufkochen.

1 kleine Tasse Maisgrieß (für Polenta) dazu geben und garkochen (die Zeitangabe auf der Packung beachten).

Auf ein mit Butter eingefettetem Kuchenblech 2–3 cm dick auswellen.

Mit Tomatenpüree bestreichen (wie bei einer Pizza).

Diverses kleingeschnittenes Gemüse kurz in einer Pfanne dünsten und auf dem Maisteig verteilen, darüber kommen kleine, frische Champignons und Oliven.

Würzen mit Oregano und anderen italienischen Gewürzen.
Geriebenen Käse darüberstreuen.
Bei mittlerer Hitze 15 Minuten backen.

So können Sie den Samstag am besten nutzen und genießen

- Auch die Erde wird dem Samstag zugeordnet; darum eignet sich dieser Tag für die Gartenarbeit oder das Umtopfen von Pflanzen besonders.
- Töpfern oder Arbeiten mit Stein tut gut.
- Staubsaugen und Staubwischen können als symbolische Handlung für innere Reinigung eingesetzt werden.
- Auch das Ausräuchern paßt zum Samstag.
- Ihrer Haut gönnen Sie eine Trockenmassage mit der Bürste und danach eine Einreibung mit einem besonders feinen Duftöl.
- Trennen Sie sich von alten, überflüssigen Sachen.
- Der Samstag ist auch ein idealer Einkaufstag, denn Saturn ist der Herrscher über das Materielle.

Es geht weiter …

Sie erinnern sich – wir reden oft von 8 Tagen, wenn wir nur 7 meinen: »Wir sehen uns in 8 Tagen wieder.« Die Acht verkörpert, wenn man sie kippt, das mathematische Symbol für die Unendlichkeit, und das Achteck steht für die Vollkommenheit. Bei der 7 fehlt also immer ein Stück zur Vollkommenheit, und auch wir sind in der Endlichkeit begrenzt. Das ist auch gut so, denn der Sinn des Lebens ist es, durch den Mangel, den man beheben möchte, immer weiter, näher zur Vollkommenheit zu kommen. Es geht um inneres Wachstum und Veredelung.

Mut, Kraft, Hoffnung und Zuversicht wünsche ich Ihnen für jeden Tag. Möge dieses Buch Ihnen dabei Rat und Hilfe sein.

Ihre Gedanken, Worte und Taten sollen wie Samen sein. Sie sollen in guter Erde keimen, zu Großem sich entfalten, blühen und reiche Früchte tragen – sie sind für Sie selbst und für unsere Welt bestimmt.

Möchten Sie sich einmal ein Yoga-Wochenende (in Deutschland oder in der Schweiz) oder eine Yoga-Wanderwoche gönnen, dann fordern Sie einfach das nötige Informationsmaterial an. Die Kurse beinhalten Körperübungsfolgen (geeignet für Anfänger wie auch für Fortgeschrittene), Mudras, Meditationen, kombiniert mit Themen in bezug auf die Verbesserung der Lebensqualität.

Gertrud Hirschi
Schwerzenbachstr. 14
CH-8405 Winterthur
Tel. 0041 (0) 52 233 07 76
Fax 0041 (0) 52 233 07 79
E-Mail info@gertrudhirschi.ch
Internet: www.gertrudhirschi.ch

Entsprechungstabelle

	Sonntag	Montag	Dienstag
Planet	Sonne	Mond	Mars
Energie	Lebensenergie	Emotionen Intuition	Tatkraft Aggression
Körperbereich	Brustraum	Körperflüssigkeit Beckenraum	Muskeln Körpertemperatur Blutkreislauf
Organ	Herz	Magen weibliche Geschlechtsorgane	Gallenblase männliche Geschlechtsorgane
Farbe	Weiß	Silber/Lila/ Grünblau	Rot/Türkis
Musik	sakrale Musik Volksmusik	träumerische Musik, Blues	wilde Rhythmen
Getreide	Weizen, Dinkel	Reis	Gerste
Metall	Gold	Silber	Eisen
Mineral	Rubin Feueropal	Mondstein Perlen	Hämatit Granat
Landschaft	sonnige Hochebene	Meer Flüsse Quellen	Vulkangebiete
Tiere	Löwe Pfau	Nagetiere Fische	Widder Wolf
Pflanzen	Lorbeerbaum Sonnenblume Johanniskraut	Weide Seerose Mohn	Brennessel Distel Wermut
Duft	Bergamotte	Melisse	Majoran
Räucherwerk	Weihrauch	Vanille	Salbei

Mittwoch	Donnerstag	Freitag	Samstag
Merkur	Jupiter	Venus	Saturn
Verstand Ökonomie	Hoffnung Visionen	Liebe Harmonie	Struktur Begrenzung
Gehirn Nervensystem	Kraft, sich aufzurechten Wirbelsäule	sexuelle Energie	Haut Knochen
Lunge	Leber	Nieren	Milz Blase
Gelb	Orange/Violett	Grün/Magenta	Blau Schwarz
Solos Lieder	Orchester	Liebeslieder, sinnliche Musik	ernste Musik
Hirse	Roggen	Hafer	Mais
Quecksilber	Zinn	Kupfer	Blei
Diamant Bergkristall	Ametyst Saphir	Malachit Rosenquarz	Obsidian Azurit
Getreidefelder	Urwald üppige Plantagen	Blumengärten	karge Bergwelt Steinwüste
Hund, Pferd Vögel	Elefant Bär	Katze Schwan	Kröte Schlange
Fenchel Dill Baldrian	Eiche Roßkastanie Löwenzahn	Linde Katzenminze Rose	Eibe Nachtschatten Zinnkraut
Zitrone	Bohnenkraut	Jasmin	Myrte
Sandelholz	Thymian	Rosenholz	Rosmarin

Büchertips

Barz, Ellynor: *Götter und Planeten.* Zürich 1988.

Batthyany de la Lama, Luisa: *Sterne der Macht.* München 1996.

Berendt, Joachim-Ernst: *Ich höre – also bin ich.* München 1993.

Enders, Franz Carl, und Schimmel, Annemarie: *Das Mysterium der Zahl.* München 1993.

Hasenfratz, Hans-Peter: *Die religiöse Welt der Germanen.* Freiburg 1992.

Haich, Elisabeth: *Der Tag mit Yoga.* München 1972.

Hausen, Monika Helmke: *Das magische Wissen vom Mond.* Freiburg 1998.

Hirschi, Gertrud: *Yoga für Seele, Geist und Körper.* Freiburg 1997, 4. Aufl.

Hirschi, Gertrud: *Lust auf Yoga.* Freiburg 1997.

Hirschi, Gertrud: *Innere Kräfte entdecken und nutzen.* Freiburg 1998, 2. Aufl.

Hirschi, Gertrud: *Mudras - Yoga mit dem kleinen Finger.* Freiburg 1999, 5. Aufl.

Howard, Michael: *Finde deinen Schutzengel.* München 1997.

Mala, Matthias: *Magische Hände.* München 1997.

Markale, Jean: *Die Druiden.* München 1989.

Renzenbrink, Udo: *Die sieben Getreide.* Dornach 1993.

Renzenbrink, Udo: *Zeitgemässe Getreide-Ernährung.* Dornach 1979.

Riemann, Fritz: *Lebenshilfe Astrologie.* München 1994.

Roman, Sanaya: *Kreativ Reichtum schaffen.* München 1993.

Rueger, Christoph: *Die musikalische Hausapotheke.* München 1991.

Sagan, Samuel: *Heilende Planetenkräfte.* Freiburg 1998.

Schmidt, K. O.: *Der geheimnisvolle Helfer in Dir.* Freiburg 1983.

Sharamon, Shalila, und Baginski, Bodo J.: *Das Chakra-Handbuch.* Aitrang 1990.

Stecher, Christine: *Aus der Kraft der Sonne.* München 1998.

Sun, Howard und Dorothy: *Neuer Schwung durch Farbe.* Freiburg 1994.

Werner, Helmut: *Die Magie der Zauberpflanzen, Edelsteine, Duftstoffe und Farben.* München 1993.

Wessbecher, Harald: *Die Energie des Geldes.* München 1999

Gertrud Hirschi im Verlag Hermann Bauer

Innere Kräfte entdecken und nutzen
Ein ganzheitliches Übungsbuch

248 Seiten mit 262 Abbildungen, gebunden; ISBN 3-7626-0524-6

Mit diesem Buch macht die Autorin den Leser mit dem Wesen und Wirken innerer Kräfte bekannt: Kräfte, die hemmen oder antreiben; Kräfte, mit deren Hilfe die Herausforderungen des Lebens bewältigt werden können, die andererseits aber auch zerstörerisch wirken können. Sie zeigt dem Leser, wie er sich mit diesen 22 Kräften auseinandersetzen kann, um sie wenn nötig zu zähmen oder aufzubauen, um sie zu seinen Verbündeten zu machen.

Yoga für Seele, Geist und Körper
Übungen für 52 Wochen

270 Seiten, 581 Abbildungen, gebunden; ISBN 3-7626-0463-0

Yoga lehrt, daß Körper, Geist und Gemüt des Menschen natürlichen und kosmischen Gesetzen unterworfen sind, die es zu beachten gilt, wenn man ein glückliches und erfülltes Leben führen will. Das »Positive Denken« und die Körperarbeit des Yoga werden zur gegenseitigen Unterstützung eingesetzt. Es werden 52 Übungsreihen mit über 500 Körperstellungen angeboten, die von jedem durchschnittlich beweglichen Menschen ausführbar sind.

Lust auf Yoga
84 Yogakarten für individuelle Übungsfolgen

84 farbige Karten (Format 9 x 15 cm) mit 80seitigem Begleitbuch
in stabilem Kartonschuber; ISBN 3-7626-0534-3

Wer das Joch der Askese und Disziplin auf sich nimmt, dem vergeht schon nach kurzer Zeit die Lust, seinen Körper diesen Zwängen zu unterwerfen. Dem trägt dieses Kartenset Rechnung. Es ist spielerisch, kreativ und intuitiv. Es ist wirkungsvoll, rückengerecht, ganzheitlich. Es entspricht den Prinzipien des klassischen Yoga. Es eignet sich für Individualisten, Anfänger und Fortgeschrittene, bewegliche und unbewegliche, alte und junge Menschen.

Verlag Hermann Bauer · Freiburg im Breisgau

Verlag Hermann Bauer · Freiburg im Breisgau

Gertrud Hirschi

MUDRAS
Yoga mit dem kleinen Finger

232 Seiten mit 76 Zeichnungen, kartoniert; ISBN 3-7626-0567-X

Mudras sind symbolische Fingerstellungen, die im Sitzen, Liegen, Stehen und Gehen jederzeit und an jedem Ort ausgeführt werden können.

Diese kleinen »Fingerübungen« fördern nach buddhistischer Auffassung die Kommunikation mit dem Göttlichen. Sie werden aber auch ganz gezielt zur Heilung körperlicher Beschwerden und für mehr Wohlbefinden eingesetzt.

Ausgehend von den Kenntnissen der östlichen Heilkunde gibt die bekannte Yogalehrerin und Buchautorin Gertrud Hirschi ihr umfassendes Wissen rund um die Mudras an den Leser weiter. Sie zeigt wie Mudras helfen: Bei der Vergangenheitsbewältigung, Verbesserung von Beziehungen, Lösung alltäglicher Probleme, Charakterbildung und Zukunftsplanung. Sie erklärt wie Mudras in Verbindung mit Musik, Farben, Atmung, Affirmationen, Visualisierungen, Mantras und der richtigen Ernährung wirken und noch verstärkt werden können.

Ein praktisches Register erleichtert das Auffinden der richtigen Mudra für bestimmte Krankheiten und Symptome, in ganz akuten Fällen kann der Leser sogar zu einer »Notfall-Mudra« greifen.

Mudras ist ein Buch für all diejenigen, die mit einfachen Mitteln etwas für ihr Wohlbefinden tun möchten. Es zeigt, daß die Mudras wahre Kraftwerke für unsere Gesundheit sind.

Verlag Hermann Bauer · Freiburg im Breisgau